北米最高峰マッキンリー6194m（別名デナリ）。この山が僕の冒険のすべての始まり。

海外初遠征でマッキンリーに単独登頂し、ベースキャンプに帰ってきた瞬間。
初めて自分の夢に挑戦し、夢をかなえた瞬間。

ダウラギリ 8167m の出発直前の祈り。苦しみも不安もすべて受け止めて登っていく。真ん中の石の祭壇がプジャ塔、そして、カラフルな祈りの旗がタルチョと呼ばれている。

高所順応と荷上げで、ベースキャンプとキャンプ地を往復する。そして徐々に、
高度に体を慣らしていく。

ダウラギリ、C1のテントにて。新しい高度では頭痛と吐き気が襲ってくる。
テント内でいかに快適に過ごすかも、登山の技術。

ヒマラヤの山はクレバスが多い。大きなクレバスはさほど危険ではないが、小さなクレバスに何度か落ちかけたことがある。

7000m を越えると、景色はきれいだが、体は思うように動かなくなっていく。

ダウラギリの山頂。風もなく、穏やかな山頂が僕を迎えてくれた。すべての苦しみが、喜びに変わる瞬間。

山頂近くのクロワール（雪のみぞ）を下山中。登りも大変だが山頂はゴールではなく、折り返し地点にすぎない。

無事に下山。生きて帰るまでが山登り。頂上に着くまでよりもこのベースキャンプまでの道のりのほうが長く感じるかもしれない。このダウラギリで生中継登山を成功させ、秋季エベレストに向けて大きく前進した。

高所に生息する「ヤク」。このヤクたちが、僕らの中継機材や食料をベースキャンプまで運んでくれる。

2009 年、初めての秋季エベレスト（中国側）。秋特有の寒さと風を感じる。
秋は登山隊が少なく、より生身のエベレストを感じることができる。
しかし、登頂率が低く非常に厳しい。

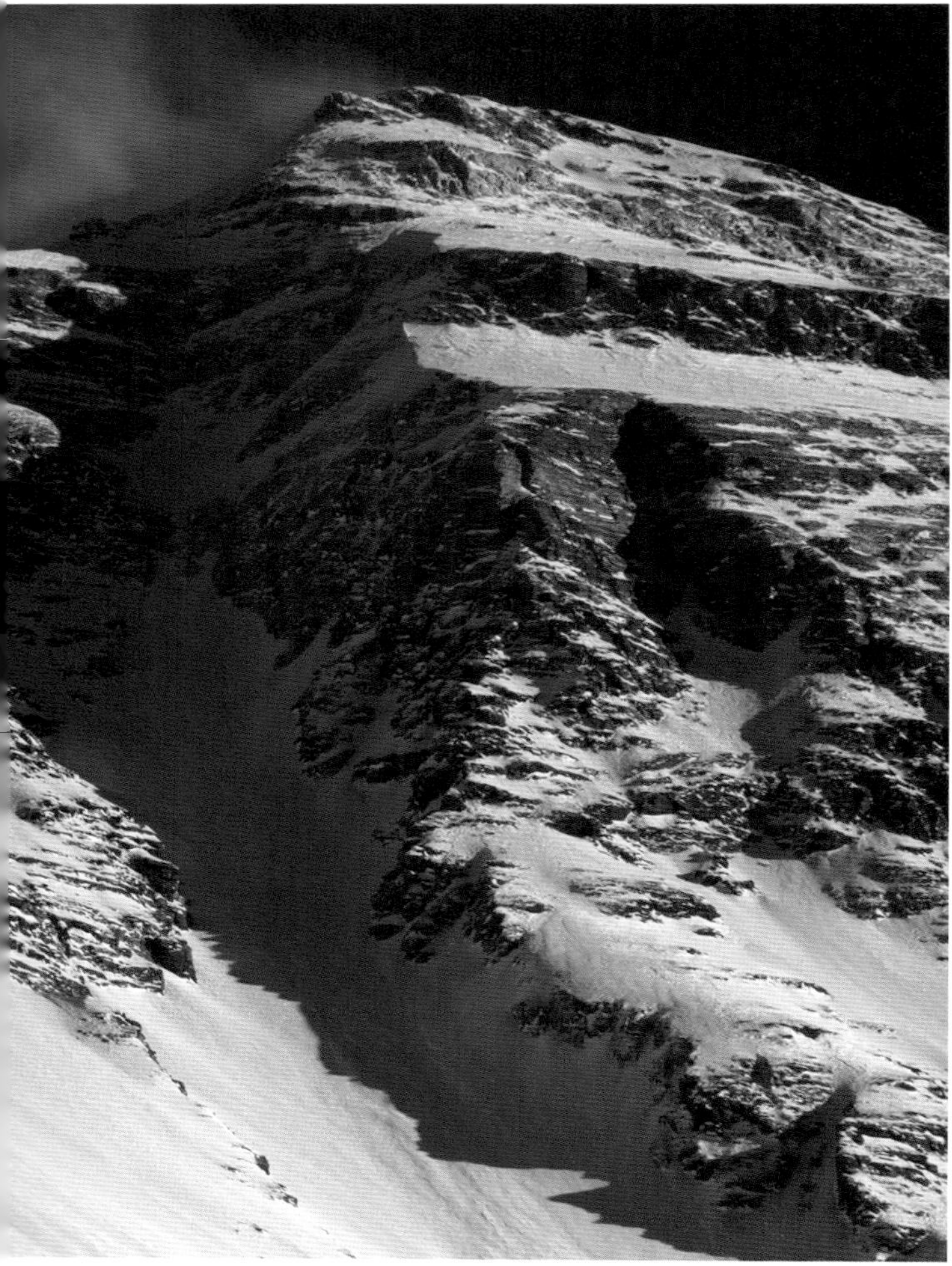

エベレスト北面をトラバース（横に移動）しながら標高を上げていく。赤丸のところが栗城。

KURIKI CHALLENGES

栗城の登頂記録

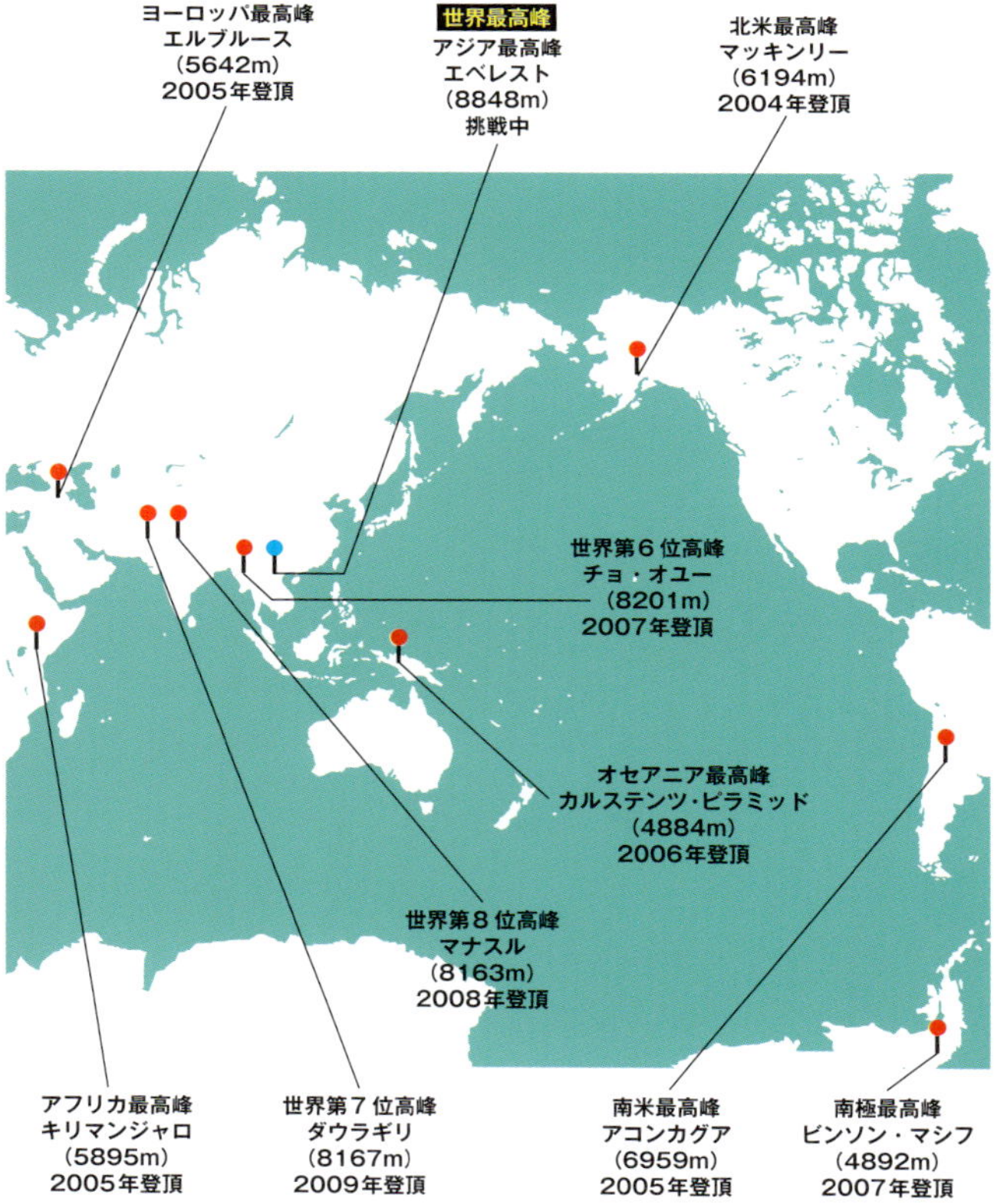

ヨーロッパ最高峰
エルブルース
(5642m)
2005年登頂
世界最高峰
アジア最高峰
エベレスト
(8848m)
挑戦中
北米最高峰
マッキンリー
(6194m)
2004年登頂
世界第6位高峰
チョ・オユー
(8201m)
2007年登頂
オセアニア最高峰
カルステンツ・ピラミッド
(4884m)
2006年登頂
世界第8位高峰
マナスル
(8163m)
2008年登頂
アフリカ最高峰
キリマンジャロ
(5895m)
2005年登頂
世界第7位高峰
ダウラギリ
(8167m)
2009年登頂
南米最高峰
アコンカグア
(6959m)
2005年登頂
南極最高峰
ビンソン・マシフ
(4892m)
2007年登頂

一歩を越える勇気

栗城史多

サンマーク文庫

はじめに

七六〇〇メートルの、孤高の凪。

テントを少し開けて外を覗《のぞ》くと、ヒマラヤの高峰が地平線となり、どこまでも続く青い空が見えた。二〇〇九年秋季エベレスト（中国側）。

今僕は、世界で一番「宇宙」に近い場所に向かおうとしている。

C2（キャンプ2）出発の予定時間から一時間半も遅れている。けっして寝坊をしたわけではないのだが、体がこの小さなテントから出ていくのを拒み、一歩を踏み出す勇気が出せない。

ここから先は、存在しているだけで苦しい世界。何もしていなくても、心臓が高鳴り、響く。

息を吸い、息を吐く。

重く、宇宙服のような高所用のブーツを履くのに五分以上もかかる。

まさに異常な世界。だが、けっしてこの世界から地上に降りたいとは思わない。むしろ、この先にある自分の知らない世界に行ってみたい。今、自分が求めてきた宇宙の空が目の前にある。

そこはすべてが一つとなり、一つがすべてとつながっている世界。

テントを開けて外に出ると、体重ぶん軽くなった小さなテントは風で宙に浮き、飛び立とうとする。

僕は膝《ひざ》でテントを支え、細い二本のポールを抜こうとするが、分厚いミトン（親指だけ離れた手袋）では、なかなか抜くことができない。ミトンを外せば作業はしやすくなるが、一気に手が冷えてしまう。

七五〇〇メートル以上では、一度冷えた手を温めるのは難しい。

テントを回収しザックを背負うと、その日の自分の体調がわかる。軽量化するためにあれだけ工夫したザックがまだ重く、背筋が丸くなる。今までにこんなに荷物を重く感じたことがあるだろうか。ヘッドランプの予備の電池一本でさえ置いていくかどうか迷うほどだ。

足を一歩出しては、一〇回も深呼吸をして、ようやく次の足を出していく。吸うことより、吐くことを意識する。

地上では酸素が存在するのは当たり前だが、ここでは当たり前のことが当たり前じゃない。

一〇メートル進むのに一〇分近くかかる。


七六〇〇メートルから八〇〇〇メートルのC3に向かうために、エベレストの北面の深い雪壁をトラバース（横に移動）しながら登っていく。あれだけ遠かったエベレストの頂上が近く感じた。

今、僕にとっての頂上は夢を達成するための場所ではない。この苦しみから解放され、元の世界に帰るための場所だ。だから頂上が必要なのだ。

地上にいるときは世界の頂上に憧《あこが》れていたが、ここでは逆に、地上の暖かさに憧れる。雪は思っていたよりも深く、アリ地獄のように上っては下がり上っては下がりを繰り返す。はたして予定の時間までに八〇〇〇メートル地点のC3にたどり着くことはできるのだろうか。

ただ、太陽は暖かく、そして自分の体が熱く燃えている。何かが燃えている。今までに感じたことのない充実感。迷いのない自分。

今、僕は生きている。この深い青い空の中で生きている。

『一歩を越える勇気』を出版してから、三年が経ちました。

その後も、シシャパンマ南西壁や秋季エベレストと、年二回のヒマラヤ高所登山を続けています。

僕の最大の夢は、「冒険の共有」。インターネットで生中継をしながら山に登り、夢を共有することです。夢を共有することで、新しい挑戦や夢が生まれ、多くの人が自分の夢に向かっていくことを目標にしています。

僕は、山に出合う前は、明確な夢を持てる人間ではありませんでした。むしろ、心の奥底では「夢なんてかなわない、自分にはできない」と思うことのほうが多かった。

でも、心の奥底には、小さいながらも「希望」がありました。

山を通してたくさんの人と出会うなかで、以前の僕と同じように「夢なんてかなわない、夢を持ってもいったい何の意味があるのか」と思っている人が多いことがわかりました。

でも、人間はご飯だけを食べて生きているわけではありません。夢や目標、希望を持って生きていくことが、人間の特権だと思います。

夢に向かっていく間には、困難や苦しみがたくさん待っています。この本に書かれているのも、けっして楽しいことだけではありません。どちらかというと苦しいことのほうが多く書かれています。

なぜ、それでも挑戦を続けるのか。

それは、苦しみ以上に希望があるからです。苦しみや暗闇があるからこそ、光は強く輝きます。そして、その苦しみに感謝なのです。

僕と同じように、見えない山（夢）を登っている人はたくさんいます。

この本は、その山に向かっている人や、山を見つけたいと思っている人の「一歩を越える勇気」になりたいと思って書きました。

少々息が苦しくなる世界ですが、深く呼吸をして、一緒に頂に向かっていきましょう。

栗城《くりき》史多《のぶかず》

※登山のルートでは、ベースキャンプを基地として、頂上に向けてC1（キャンプワン・シーワン）、C2、C3、ハイキャンプと順に標高を上げていき、山頂にアタックをかける。

一歩を越える勇気　目次

第3章　世界の屋根と日本の空をつなぐ

第4章　見えない山を登る

第5章　空のように青く、宇宙のような無限の心を描く

編集協力……関　智
校正……乙部美帆
編集……池田るり子（サンマーク出版）

第1章

「自分の限界」という壁をなくす

ようやくつかんだ夢

心の中でずっと、描きつづけている景色がある。

「空のように青く、宇宙のような無限な心」

果てしなく高く、透き通った青。それを描きつづけるために僕は山を登る。

大学三年生の春。僕は、マッキンリー登山に向けて奮闘していた。初めての海外旅行で北米の高峰に単独登頂しようというのだから、危ないということでまわりの人に反対されていたのだ。

実際に出発するまでは連日、山の先輩方に居酒屋に連れていかれ、お酒を飲まされながら、「おまえは自分でできると思っているのか?」「経験がなさすぎる。不可能だ。死んでしまうぞ」と何度も聞かされた。

しかしこの挑戦をやめてしまえば、このまま就職して、一生「何にも挑戦しない自分」で生きていくことになる。そんなふうにはなりたくなかった。僕が一七歳のときに亡くなった母と交わした約束、「一生懸命に生きる、弱音を吐かない、そして最期に『ありがとう』と言える人生を送ること」。

高校を卒業した後、僕には夢や目標などが見つからず、その約束を実行できずにいた。

しかし、ようやく迷わず自分がやりたいと思えることが見つかったのだ。だからどうしてもマッキンリーを登りたい。しかもたった一人で……。

マッキンリーは、古くから地元では「デナリ」（太陽の家）と呼ばれてきた。

北緯六三度に位置するこの山は、北アメリカ大陸最高峰で、標高六一九四メートルの独立峰である。緯度が高いため、同じ標高でもヒマラヤなどに比べて気圧が低く、難易度は七〇〇〇メートル級の山に匹敵する。

氷河の山としてはもっとも美しいといわれているが、北極圏の過酷な自然条件を持った高峰で、悪天候では「凍れる魔の山」に変身する。最低気温はマイナス四〇度になることもあり、強風極寒で、凍傷や、酸素が体に回らなくなることで起こる頭痛や吐き気などの高度障害にかかりやすい山である。

二〇〇四年五月、大学の山岳部に入部してから三年目の春。僕は、初の海外遠征でこの北米最高峰のマッキンリーに挑むという夢を持った。

なぜこの山だったのかはわからない。たまたま、古びた部室に山の本がたくさんあり、ある山岳雑誌をめくっていると白く輝くマッキンリーの写真が目に入ったのだ。

山にとりつかれた人間であれば、いつか必ず海外の山を登ってみたいと思うはずだ。日本の山は穏やかで、花々が咲きみだれ、訪れる人の心をなごませてくれる。冬になるとパウダースノーが積もり、スキーで滑ればやわらかい雪が体を浮かせ、粉雪を散らしながら楽しむことができる。そして下山すれば温泉があり、ヒマラヤに比べると天国のようなところだ。しかし、日本の山は最高峰でも三七七六メートルしかない。世界の山は高く、八〇〇〇メートル峰が一四座も連なるヒマラヤ山脈をはじめ、南米とヨーロッパの山は、日本の山からは想像できないほど大きい。

本格的な高山病になったことのない自分が、酸素が希薄で太陽に近い場所に行ったら、いったいどうなるのだろうか。

想像がつかない。想像するだけで胸が高鳴る。

マッキンリーの入山料は当時一万八〇〇〇円程度だった。海外の山は日本の山とは違い、入山料がかかる。たとえば、エベレストを登るには一人一〇〇万円ほどの入山料を払わなくてはいけない。しかし、マッキンリーは一万八〇〇〇円。貧乏学生にとっての現実問題は、山の技術よりお金だった。

マッキンリーを登ってみたい。そう思いはじめてからアルバイト三昧《ざんまい》の日々を送り、ひそかに単独でマッキンリーを登る計画を立て、深夜、部屋で高所医学の本を読みあさり、トレーニングに励んだ。あまり目標なく生きてきた自分が、ようやく「夢」というものをつかんだ気がした。しかし、ひそかに単独で登ってしまうというわけにはいかない。いずれ、山岳部の主将に言わなくてはいけない。

僕はひそかにマッキンリーへの単独登山計画を進めていたのだが、ある日、ついに主将にその計画を打ち明けた。しかし、簡単に納得してもらえるものではなく、応援してくれるはずもなかった。

まず、わが山岳部では、単独での登山は禁止されていた。しかも国内ならいざ知らず、外国の高峰を単独で登るなんて、とても許されるものではなかった。

しかし、主将に打ち明けづらかった一番の理由はそれではない。僕と二人で卒業前にマッキンリーに登ることが主将の夢だと知っていたからだ。

初めての命がけの登山

二〇〇二年の年越しのこと。僕は冬山登山二回目で、中山峠から小樽《おたる》の銭函《ぜにばこ》まで、一週間の冬山の縦走を行うことになった。

山で過ごすお正月ほど寂しいものはない。先輩に送られる車の窓は息でくもり、自分がどこに連れていかれているのかわからない。隊員は主将と一つ上の先輩Mさんと、本当は山に興味がないのに入部してしまったため退部したいと思っている僕の三人だけだ。無口の野郎三人が冬のテントの中で過ごして楽しいと思えるわけがない。しかも天候は悪いという予報で、初日からかなり吹雪いていた。

僕のいた山岳部では、部員は必ず冬山を登らなければいけないという決まりがあった。「冬山を登らないならやめろ」それが当時の主将の方針だった。

その結果、新入部員はまったく入らない。

実は僕が入ったのは、自分の大学ではなく、別の大学の山岳部だった。他大学の学生を入部させてくれるとは思っていなかったが、入部したいと伝えた三か月後に主将から電話がきて、入部を許可された。

そのときには、三か月前に山岳部に入りたいと思ったことすら忘れており、電話をくれた主将の声が誰だかわからず、「どちらさまですか?」と繰り返していた。

しかし、今、僕は冬山にいる。

野郎三人だけで、お正月に一週間以上も冬山にこもる。前回はクリスマスイブに積丹岳《しゃこたんだけ》を登った。山小屋で楽しそうにケーキを作っていた主将が、もしかしたらゲイなのではないかと疑ってしまう。

出発地に着き、古い借り物の装備を背負う。

「栗城丸(当時のあだ名)そんなに帰りたいのか。冬山は慣れだよ。二日か三日くらい、登っていれば慣れてくるもんだよ」

とM先輩がタバコを吸いながら言った。だが、僕は二、三日したら帰りたいと思うだろうと確信している。もうすでに帰りたいし……。

それでも主将は、車で送ってくれた先輩を見送り、無言で山に入っていく。僕とM先輩もそれを追って山に入っていった。

それまでの僕の「冬山」のイメージはスキー場でしかなかった。

ゲレンデは暖かく、風が出て吹雪になってもレストハウスで温かい食事ができ、ゴーグルをつけた女の子の顔がよく見えず、みんなかわいく見えるところだ。

だが、そんなものはここにはない。風がやむとまったく音がしない。山とはこんなに静かなところなのか。人間はたまに静かな場所を求めるものだが、本当に静かになると誰かが木と木の間から僕を見ているようで怖くなる。意味不明な言葉を発しながら怖さを乗り越え、なんとか初日の目的地に着き、テントを張った。

地図で距離を測ってみるが、まだまだゴールは遠い。

テントの中でお雑煮を食べた。しかしお正月とはいえ、お雑煮は山で食べるものではなく、家で食べるものである。お雑煮を食べたことによってますます家に帰りたくなってきた。

M先輩の顔色が悪い。そして突然「俺、帰ります」と言いはじめた。山は慣れだと言っていたM先輩が「帰る」と言うのだ。

M先輩は慣れていなかったのだろうか。

翌日、M先輩は笑顔で下山していった。それからは、主将と二人きりになり、濃密な時間を過ごすことになる。しかし、無口な主将とはテントの中でも会話がなく、まるで家庭内離婚の夫婦のようだ。

天候はますます悪くなり、三日後、ついに僕は本気で帰りたいと思いはじめた。天候が悪い中、主将がトップを切って進んでいく。あたりは一面、ホワイトアウトだ。

地図とコンパスを見ても自分がどこにいるのかわからなくなってきた。しかし主将は無言で、俺に任せろと言わんばかりの勢いでどんどん進んでいく。

僕はついていくのがやっとで、少し離れると、前方に見えていたはずの主将の姿が濃いホワイトアウトの中に消えていった。急いで後を追おうとすると、いきなり主将が左から姿を現した。そして右方向に消えたと思うと今度は後ろから現れる。まるでお化けのようだ。

主将の後ろ姿は明らかにあせっているように見えた。


霧の中から消えては現れ、現れては消えを繰り返す主将を見ているうちに、これは遭難しているのではないかと気づきはじめた。それでも硬派な主将は自分から「迷った」とか、「もうダメだ」などとはけっして口にしない。僕はついに、自分一人で下山しようと思いはじめる。

しかし、自分が登ってきたほうを振り返ると、大雪のせいでトレース（雪につく足跡）が消えてなくなっていた。そんな中、経験のない自分が一人で下山できるわけがない。生きて帰るためには主将を信じ、主将の赤いザックを見失わないように追っていくしかなかった。

中山峠縦走五日目。今回の縦走ルートの一番の難所、余市岳《よいちだけ》の壁を登っていく。風は今までで一番強い。顔を上げることすらできず、ただ、主将の足元を見て登るのに必死だった。

「もうダメです」と口にしても主将は僕を振り向くことはなく、励ましの言葉もかけてくれない。主将はアドレナリンが出てきたのか、奇声を発し、登っていく。もう人間じゃない。

余市岳の山頂に着くと、風が少しずつ弱くなってきていた。「飛行場」と呼ばれる広いプラットホームを進んでいくと、霧の中からJポップの音楽らしきものがファファア〜ンと聞こえてきた。人間、極限状態を超えるとやはり聞こえないものまで聞こえてくるのだろうか。

しかし、その音は徐々に大きくなり、霧の中から大きな建物が見えてきた。山の上に建物がある。それは余市岳の近くにあるスキー場のリフト最終地点だった。主将と二人でその中に入っていく。トイレに入ると電気が光っており、なんて暖かいのだろうと思った。

トイレから出ると、主将が自動販売機に食らいついていた。今まで温かい飲み物を作るのに何十分と時間をかけて雪を溶かし、少ないココアやコーヒーを薄めて飲んでいたが、ここではたった一二〇円を入れるだけで温かい飲み物が出てくる。

まさに奇跡だ。

その夜、自動販売機の前にテントを張り、文明のすばらしさをかみしめながら夜を過ごした。ゴールは近い。

余市岳から残りの春香山《はるかやま》を登り、最終目的地の小樽の海に出た。

涙がこぼれ落ちてきた。今までこんなにがんばって感動できた自分がいただろうか。そんな自分は今までいなかった。

これまでは自分が目標を持っても、これはできないと頭の中で勝手に決めつけていた。しかし、可能や不可能は自分が勝手につくっていたのである。自分の中にはまだ無限の可能性がある。それをこの縦走が教えてくれた。

主将は海に向かい、冷たい日本海に足をつけた。

そういえばこの中山峠の縦走をする前に、主将に「今回の冬山登山のテーマは何ですか？」と聞くと、「私を海に連れてって」と言っていた。ようやく主将がやりたかったことがわかった。

しかし、主将の目は海の遠くを眺め、表情は険しかった。

主将はいつも遠くを見ている。高校生から登山を始め、誰よりも山をこよなく愛する人だった。

ふだんは難しい哲学書を読み、フリークライミングの壁を自分で作り、毎日登っている。夏でも冬山用のジャケットを着ており、大学の便所サンダルを履いている変な人であるが、俗世間の人となじむことなく、「自分」というものを持っている人だった。

いつも人の目を気にしながら生き、何かに突出することもない僕は、いつしかそんな主将に憧《あこが》れはじめ、冬山用のジャケットを夏でも着るようになっていた。

主将は常に「自分で考えろ」と言う人で、答えを初めから教えてくれることはない。ただでさえ少ない部員がそんな主将の元から次々と離れていったが、僕は残りつづけた。この先輩についていこう、そう決めていたのだった。

それから一年半後、僕はその主将から離れることになる。

マッキンリーはどうしても登りたい山だった。

山で使う技術は、一人で学ぶことはできない。

雪壁を登る方法や、冬山での過ごし方などは本だけで学ぶことはできず、先輩方から代々継承されてきた、生きた技術なのだ。だから主将は、僕にとって単なる先輩というだけではなく、師匠であり、家元である。その師匠の夢を壊して、みんなが反対する単独でのマッキンリー遠征。

僕がその夢を打ち明けたとき、当然、主将は無言で、厳しい表情だった。だが、僕は主将と二人で登るわけにはいかなかった。主将の力なしで山を登ってみたい、自分の山を登ってみたいと思っていたからだ。

主将と一緒の登山では、厳しくなればなるほど、いつも主将が前にいてくれることで助けられていた。冬山でも、僕は主将のトレースの後をついていくだけだった。このままでは、金魚のふんで終わってしまう。それはいやだった。

主将がいることで甘えながら登ってしまっている自分を越えてみたかったのだ。そして母の言う「一生懸命に生きる」を実践したかった。だから、今しかチャンスはない。そう思って、みんなに反対されていたがあきらめなかった。

「行くなら部をやめていけ」

それが主将の最後の言葉だった。そして、僕がやめた数年後、主将を最後の部員として、四〇年以上も続いた伝統ある山岳部が、その幕を閉じたのだった。その後、僕は主将とは一度も連絡をとり合っていない。

北米最高峰　マッキンリー（六一九四メートル）

その日の日付は、忘れもしない二〇〇四年五月二一日。旅立ちの日。

朝、大学近くの喫茶店に友人が集まってくれた。

外は大雨、新聞を見るとエベレストでの事故の記事が掲載されており、店内はお通夜のようなムードだった。そこにいる誰もが、僕が登頂に成功するなんて思っていなかった。それもそのはず、海外初遠征、単独マッキンリー登山というとかっこよく聞こえるが、実態は、初めての海外旅行がこのマッキンリー登山だったからだ。友人や後輩を店の前に並ばせ、万歳三唱。僕は後輩から渡された日本酒をいっきに飲み干す。まるで出兵である。

友人に車で送ってもらうが、途中で気持ち悪くなってコンビニのトイレで嘔吐《おうと》した。酔っぱらっているのではない。緊張と不安と、「本当にこれでいいのか」という自問自答が頭を駆け巡っていた。

主将を一人残し、部を去って行く自分。誰もが心配し、誰もが賛成しないことをやる。本当にこれでよかったのだろうか。それでも僕の心はアラスカに向かっていった。

5月28日　曇りのち晴れ

今日もセスナは飛ばないだろう。ここタルキートナ村の飛行場に五日間も閉じこめられている。この五日間、天候は変わらない。

マッキンリーへのベースキャンプは、セスナをチャーターし、マッキンリーの広大なカヒルトナ氷河に着陸したところに作る。そこから山頂めがけて登っていくのだ。

資金の少ない僕は、一番安いセスナ会社にお願いすることにした。しかし、何日たってもなかなか飛ばない。他の会社の飛行機は、各国の登山隊を乗せて飛んでいるのに、僕が頼んだセスナだけ飛ばない。

昼、突然飛行場があわただしくなる。飛行機会社に行ってみると、ついに飛ぶことができると言われた。だが、そこには登山とはかけ離れた家族旅行の人たちがいた。つまり、「単独」の僕だけでは採算が合わないため、人数がそろうまで飛行場で待たされていたのだ。それでも高まる気持ちを抑えてセスナに乗り込み、標高二二〇〇メートルのベースキャンプに向かう。

山々を縫うように飛行し、雲の中に入ったのかなと思うと、突然目の前に大きな壁が現れ急旋回する。とても気持ちが悪い。

一時間ほどでベースキャンプに胴体着陸をする。着陸すると今までやさしかったパイロットが険しい顔で僕の荷物を放り投げ、大声で叫ぶ。

「ボスはリサだ！　そこに行け！」と怒鳴られ、まるで戦場に着いたばかりの新兵だ。

ベースキャンプは各国から訪れる登山者であふれていた。下山してきた者もおり、表情を見るとみんなくたびれているようだ。なかには凍傷で顔がただれている人もいた。

このベースキャンプをとりしきる国立公園のレンジャー、ボス・リサのところに行き、登山準備をする。

予定では、ここで一泊するはずだったが、時間がないのでその日のうちに標高二四〇〇メートルのC1に向かう。ここから山頂までは片道二八キロ、標高差四〇〇〇メートルの長旅である。

デナリの太陽は、予想を超えた日差しだった。日本の山とは比べものにならない。ここは緯度が高く、気圧も低いので日の照らしが強く、サングラスがなければ目を開けることができない。氷河はとても暑く、日本の冬山よりも暖かかった。

慣れないソリを引き、広大な氷河を登る。心配していたクレバス（氷河の裂け目）は見当たらない。ときおり、氷河が崩れる音が聞こえた。白く光り輝く氷河、雄大にそびえ立つ山々、すべてが新鮮だった。日本を出発するまでの心の不安はもうない。目の前の景色すべてが新鮮だった。

二一時ごろ、C1に着く。白夜の沈まぬ太陽は夜も明るくし、昼間のようだった。

「マッキンリーの神様、僕はあなたに会いにここに来ました。これから僕にはたくさんの試練が待っているでしょうが、僕はそれを受け入れます。一つだけお願いがあるのですが、僕の帰りを待っていてくれる人たちがいます。その人たちのためにも無事に帰れるようお守りください。あとは、なんでも受け入れます」。就寝。

5月29日　晴れ

朝からとても寒い。慣れない白夜と緊張であまり寝ることができなかった。氷河の中を一人で登っていく。

ザックに二五キロ、ソリに四〇キロ、合計六五キロの荷物を一人で上げていく。

自分の体重より重い荷物が僕のパートナーだ。その荷物の上にカプセルのようなバケツをのせていく。マッキンリーは環境問題に厳しく、自分で出したゴミや自分でしたものは必ず持って帰らなくてはいけないので、そのためのものだ。ただ、たまにこのカプセルの蓋《ふた》が開いて中のものが出てくるから厄介だ。

見渡すかぎり、目に入ってくるのは氷河と岩と空の三色だけ。それだけだが見飽きることはない。僕の求めている世界がここにある。まだ登頂していないのにこの感動はなんだろう。

一四時三〇分に標高三一四五メートルでデポ（荷物を埋める）する。本当はもっと上まで行きたかったが、体がバテて動けない。その後、標高二九〇〇メートルまで下がり、そこをC2とする。

テントの中で寝ていると、突然胸が痛みはじめた。この痛みは前にも経験したことがある。春の富士山を登り山頂で一泊したときと同じ痛みだ。高度障害が出はじめたのである。高山病は体の悪いところから先に出るという。

仰向けに寝ていると呼吸が苦しい。重症化すると脳浮腫《のうふしゅ》や肺水腫《はいすいしゅ》にかかる恐れがあるが、肺水腫の兆候がある。僕は肺が強くないのかもしれない。仰向けで寝ると痛みが増した。できるだけ体を起こして寝ようとするがなかなか寝つけない。ときおり、氷河が崩れる音が不気味に鳴り響いていた。

5月30日　晴れ

昨日もあまり眠ることができなかった。昨日からの高度障害で、まだ胸が痛む。

天気は良好。順調に高度を稼ぐ。一四時三〇分ごろ、標高三三五〇メートルのキャッシュに着く。このあたりから、クレバスに雪がかぶさり見えなくなっているヒドンクレバスが多く、トレース以外を歩くとクレバスに落ちる危険性が高い。あたりにクレバスがないかを確認してからテントを張る。

昨日デポをしておいた標高三一四五メートルまでスキーで滑りながら下り

る。広大な氷河に落書きのようなお粗末なシュプールを描く。

「バスン！　バスン！」と氷河の下から音が聞こえた。ヒドンクレバスの上を滑っていたのである。

夜、沈まぬ太陽の下、カヒルトナ・ドーム（三八一八メートル）を眺める。夕日が山に当たり、輝いている。空気はとても冷たいが、からっと乾いた空気は心を落ち着かせてくれる。

明日、僕は標高四三三〇メートルのキャンプに向かう。いよいよ本格的な高山病が始まるだろう。

テントに入ろうとすると台湾の若い登山隊が僕のテントにやってきた。彼らも近くにテントを張っているらしい。一人でいる僕に何を思ったのか、スキムミルクをくれた。

とてもうれしかった。衛星電話も無線もする相手のいない自分。ここ数日間は誰とも会話をしていなかった。

何かお返しにあげるレトルト食品を探してみたが、僕が持っている生米四キロとフリーズドライのおかずは彼らの食料よりレベルが低く、あいにく彼らにあげられるようなものは一つもなかった。

通常の登山隊は、アルファ米という、お湯を入れるだけでごはんになるものを食べるのだが、それは値段が高い。僕は資金が足りず、代わりに生米を四キロ持ってきていた。

しかし米は高所では炊くことができない。そう先輩方から聞いてはいたのだが、素直じゃない僕はそれを信じることができずに、持ってきていたのだ。僕が生米四キロを持ってきていることに彼らは失笑していた。

5月31日　曇りのちホワイトアウト

二日前から下痢が続く。体調はよくない。それでも高度を稼がなければいけない。今日は、標高四三三〇メートルのキャンプに向かう。

標高四〇〇〇メートル、そこから本格的な高山病が出てくる。

人間が高所に行く場合には三つの壁があるといわれていて、一つは標高四〇〇〇メートル前後、この高度から必ず高山病が出てくる。そしてそれに順応したとしても、六〇〇〇メートル、八〇〇〇メートルと酸素がどんどん薄くなっていき、重い高度障害が出てくる。

この見えない壁を越えなければ上に登ることはできない。激しい頭痛に耐えながら一回目の荷上げを行う。

単独登山の荷物は重い。通常の登山隊なら食料や燃料を何人かで分けて担いで登ることができるが、単独ではそれができない。すべての荷物を一人で上げるのだ。

合計六五キロの荷物を二回三回に分けて、登っては下り、次の荷物を持ってまた登って下りるということを繰り返しながら、徐々に体を高度に慣らすのである。

高所ではけっして、無理をしてはいけない。常に余裕をもった行動をしなければいけないのだが、僕は少しの無理くらい大丈夫だろうと思っていた。むしろ、自分の体がどこまで耐えられるのか知りたい。ただのMである。

まず、約二〇キロの荷上げを行う。傾斜が強くなってきた。モーターサークルヒルと呼ばれる難所を登る。このあたりはクレバスが多く、誰かが片足や体一つ分落ちた穴が何か所もあった。

高度が上がるにつれて呼吸が荒くなり、スピードが落ちてくる。二歩進んでは休み、二歩進んでは休みを繰り返す。しかも天候が急変し、まわりはホワイトアウトで視界がきかない。あとどれくらい歩けばキャンプに着くのだろう。

しだいに頭が重くなり、そして激しい頭痛が起きる。それでも登ろうとしたときのことである。標高四一五〇メートルくらいで体を支えられなくなり、膝《ひざ》から崩れるようにして倒れた。

重度の高度障害で、呼吸をするのがやっとだった。このままでは動けなくなる。ここからさらに登り、四三三〇メートルにあるメディカルキャンプまで行けば、緊急医療のレスキューがいて、酸素吸入ができる。だが、高度障害を抑えるには一刻も早く高度を下げるのが一番だ。僕はすぐに山を下ることにした。

下山途中で、突然視界が紫色になった。白いはずのホワイトアウトの景色が紫色に見える。酸素が頭に回っていないのだ。意識が朦朧《もうろう》として頭が働かない。意識という糸がどんどん細くなっていく。ここで気を緩めたら意識を失い、凍死が待っている。

誰もいない不気味な紫色のホワイトアウトの中を、必死にストックで体を支えながら下りていく。

一七時三〇分ごろ、フラフラになりながらもなんとか、もといたC3にたどり着く。テントに入るとそのまま倒れ込むようにしてシュラフ（寝袋）に入った。高度障害とはこれほどまでに過酷で恐ろしいものだったのか。「少し無理をしてでも」という思いが裏目に出てしまった。山ではほんの少しの我欲が危険を呼ぶ。

ふと親父の顔が浮かんだ。なぜ父の顔だったかわからないが、親父に会いたくなってきた。

マッキンリーに登るということを決めてから、僕は山岳界の先輩だけではなく、親戚やその他いろいろな人から猛反対を食らっていた。

それもそうだ。初めての海外旅行が、単独・無酸素のマッキンリー登山だなんて聞いたことがない。僕はあらゆる人から呼びつけられ、怒られていた。

そして、僕の親父も怒られていた。「おまえは、自分の息子を死んでしまうような場所へ行かせるのか」

僕が怒られるのはわかるが、親父が怒られているのを見ていると申し訳ない気持ちでいっぱいだった。

父はこの計画に賛成も反対もしなかった。ただ心配そうな顔をして、それでも無口で通した。ほとんど会話もなかったが、僕が空港から飛び立つ直前に電話をくれた。

「おまえを信じているからな」

たった一言だった。電話の後、僕は父の言葉で初めて泣いた。

こんな僕を親父は信じていてくれる。

だから僕は自分を信じなければ……。こんなとき、主将ならどう乗り越えるのだろう。

6月1日　曇り　休養

目を開けて初めて、眠っていたことに気づく。激しい頭痛が僕を襲う。

昨日からの高度障害を乗り切るため、僕は睡魔と戦っていた。

理由は簡単。睡眠をとると呼吸が浅くなるため、体の酸素濃度が下がってしまうのだ。そして、そのまま永眠してしまうこともめずらしくない。

しかし、僕はその戦いに負け爆睡していた。その影響か、体を動かすことができず、しばらくは目と口だけパクパクと動かせる程度だった。今日は行動するのは無理だ。ここで初めての休養をとる。

休養といってもやることはたくさんある。氷を溶かして水を作り、装備の手入れをする。ときには外の雪かきなどもしなければならず、単独登山のつらさは、どんな状況でも一人ですべてをやらなければいけないことだ。

高度障害で食欲はない。ずっと寝込んだままである。それでも何かを口にしなければいけない。でも、米を炊くには時間と労力がかかる。

そういえば、台湾隊からもらったスキムミルクがあるじゃないか。スキムミルクは栄養満点で、しかも水で溶かすだけでいい。さっそく作ってみるが、水にスキムミルクを入れすぎて半分レアチーズみたいになっている。

体はボロボロだが、精神的にはけっしてネガティブにはならない。僕は夢をかなえるためにここに来た。その夢とこの広大な自然が僕にエネルギーを与えてくれている。必ずよくなる。そんな気がしてならない。

その夜、スキムミルクのおかげなのか僕はおなかをこわし、脱糞した。

6月2日　晴れのち雪

目が覚めてから起き上がるのに時間がかかる。昨日は高度障害と下痢に苦しめられたが、それに比べるとだいぶ体調が戻ってきているようだ。

前回の荷上げは二〇キロだったが、今日は残りすべての荷物を担いで登らなければいけない。一〇時ごろ、C3を出発する。

身長一六二センチ、体重六〇キロの小柄な僕が、大きなザックとソリを引いて急所を登る。一歩一歩、足を前に出すのがやっとだった。

スポッと左足が取られ、膝近くまで雪に落ちた。足を上げてみると穴が開いており、中が真っ暗だった。ヒドンクレバスだ。トレースがあるところなら安全というわけではなかった。

なぜ、山の先輩が、僕が単独でマッキンリーに行くことを反対したのか。それはマッキンリーが世界最大のクレバス地帯だからだ。

マッキンリーは巨大な氷河に囲まれた山である。そこに開いているクレバスは深いところだと一〇〇メートル以上もあり、落ちたら即死だ。登山隊であれば隊員一人ひとりをザイルで結ぶので、誰かが落ちても助けることができるのだが、単独の場合は落ちても助けてくれる人がいない。左足を抜いて、両手に持っているストックに体重を分散させ、地雷を探すかのようにストックを刺してクレバスを探しながら登っていく。

徐々に高度を上げ、ついに標高四〇〇〇メートルを越える。前回、膝から崩れるように倒れ、敗退したところに近づく。体に緊張が走る。

そして、あの見えない壁まで近づいた。高度計を見ると四〇七〇メートルと出ている。前回は四一五〇メートルだったが、気圧の関係で一〇〇メートル近い差が出ていた。

マッキンリーは、緯度が高く、気圧の変化が激しい。一気に気圧が五〇ヘクトパスカルも下がることもあり、いながらにして数百メートルほど高度が上昇するようなものらしい。

一八時ごろようやくメディカルキャンプに着いた。

メディカルキャンプは霧の中。ここ四日間は天候が悪くて、誰も標高五二〇〇メートルのハイキャンプには上がっていないらしい。

ここから見えるウエストバットレスの稜線は厚い雲で覆われていた。

「曇りのち晴れ」それを待つしかない。

6月4日　晴れ

昨日に比べると風が落ち着いてきた。標高五二〇〇メートルのハイキャンプに荷上げをするには絶好の天候だ。この天候が続けば、六月七日のアタック予定日に間に合うかもしれない。

三日間の食料と燃料をパッキングして、荷上げを開始する。

雪の壁、この山行でもっとも急所のウエストバットレスと呼ばれる急斜面を上がる。標高四七〇〇メートルくらいからフィックスロープが張ってあり、ユマール（ロープを登るための器具）を使って少しずつ高度を上げていく。登れば登るほどデナリの太陽が僕を襲う。温度を測ると三五度以上だ。五分おきに水分を摂取する。あまりの暑さのため、帽子とフリースを脱ぐ。

一三時ごろ、標高四九九〇メートルの稜線に出る。ここからマッキンリー周辺の山々が見える。しかし東のほうを見ると、他の山とは一線を画した山がどっしりと構え、僕を見下ろしていた。

狭いウエストバットレスの稜線を歩く。見下ろすと一〇〇〇メートルの絶壁、ここから滑り落ちたら助かることはない。

高度を上げていくとしだいに脱力感が強くなり、体に力が入らない。標高五〇七五メートル地点でついに座り込む。一度座り込むと動く気になれない。高度障害もあるのだろうが、それとは別の感じがする。

炎天下の中で帽子を脱ぎ、頭を太陽にさらしていたのが原因だ。貧血のような状態になっていてこれ以上登る気になれない。それどころか立つことすらままならない。ハイキャンプに上がることをあきらめ、荷物をデポし、フラフラの状態で下山をする。

標高四九九〇メートルのフィックスロープにとりつき、懸垂下降で下りていく。早く下山したいとの思いでスピードを上げ、大股で一気に下りる。

そのとき、氷の割れる音と同時に体が一瞬軽くなった。気がつくと、地に足がついていない。

数秒後、自分の置かれている状況がわかった。ヒドンクレバスに落ちたのである。氷の端にかろうじてザックがひっかかっているだけ。急いで脱出し、その落ちた穴を覗《のぞ》く。背筋が凍った。

どこまで続くのかわからない暗黒の世界が見えた。その穴は、恐ろしく静かで闇《やみ》に満たされていた。ここにどれだけの人間が落ちて亡くなったのか。しばらくその穴を覗いていたが闇は答えてくれない。

一八時ごろ、ようやくメディカルキャンプに戻る。高度障害、日射病、クレバス落下、この三つの試練が重なって体と精神が崩れかけてきている。北海道の冬山とは比べものにならない試練だった。このような状態が続けば、生きては帰れないだろう。「来るんじゃなかった」という思いが、一瞬頭をよぎった。

6月5日　晴れ　休養

朝から体調がよくない。他の隊に酸素飽和度を測ってもらうと六五という数字が出た。高所順応がうまくできていないのだ。平地で生活をしていれば人間の体内の血中酸素濃度は九八から九九ほどである。病院では、八五を下回ると酸素マスクをつけないといけない状態だ。酸素濃度六五では、何もやる気が起きなくなる。それでも深呼吸をして、明後日の登山に備えた。

昼間、テントの中にいると、日差しでテント内の温度は四一度にもなっていた。とても暑いので、外に出て裸で日光浴をする。目の前には、広大な氷河と白く輝く山々が広がっている。標高四三〇〇メートルのバカンスはとても息苦しいものだ。

6月6日　晴れ

いよいよハイキャンプに向かう。体調と天候がよければ明日には予定どおりアタックを行う。標高四九九〇メートルの稜線を出て、順調にハイキャンプに向かう。

見渡すかぎり青の世界の中、やっと一人が歩けるくらいの狭い稜線を歩く。見下ろすと雲が自分よりも下にあり、空の中を散歩する。

高山病はなくなり、体が希薄な空気に順応していった。

「とにかく高度障害がひどく、苦しい。残り二〇〇メートルからは半分意識がなかった」登り終えた富山からの日本隊がそう言っていた。

ここから先は、人間の領域ではない。神の領域なのだ。どんなに体力や精神力があっても、山の神に選ばれなければ登ることはできない。

6月7日　曇りのち吹雪

朝から体調は悪く、激しい頭痛がする。酸素が薄く感じはじめ、高度順能は完璧ではなかった。いったん高度を一〇〇〇メートル下げ、高度順応に専念することを決めた。

外に出て、デナリパスを見上げると東の方から厚い雲がかかってきていた。高度計を見ると気圧が急激に低くなっている。ここは、東の空に雲がかかりはじめると悪天候になる。たとえ、体調がよくてアタックができても、悪天候につかまれば終わりだ。「烈風」と呼ばれる強風に吹き飛ばされるかもしれない。ここは下山するほうが賢明だ。

メディカルキャンプまで高度を下げる。ウエストバットレスを見上げると再び厚い雲がかかり、その姿は見えない。

しばらくこの天候は続くかもしれない。気長に待とう。

6月8日　曇りのち雪　停滞

動きたくてもこの天候じゃ動けない。気温も低く、きっと山頂付近の気温はマイナス三〇度くらいだろう。

一日、停滞を覚悟する。計画では、今日が山頂へのアタックを行うはずの日だった。食べては寝て、食べては寝る。「登るだけが登山ではない、待つことも登山だ」と言いながら狭いテントの中に一人でいるのはとても苦痛だった。

6月9日　大雪　停滞

「ハッピーバースデイ！」と声をかけてくれる人はいない。六月九日は僕の誕生日である。せっかくの誕生日だが天候は昨日と変わらず悪い。

悪天の中、一人で二二歳の誕生日を祝う。強風がテントにたたきつけ、僕の誕生日を祝福してくれている。

誰もいない誕生日、なぜ僕は一人でここにいるのか。あの上にいったい何があるというのか。ここにあるのは「孤独」だけ。その孤独を越えてみたい。

6月10日　曇りのち吹雪

期待とともにテントを開けてみるが、「残念！　はずれでした」とお天道様が言う。

ウエストバットレスの稜線を見上げてみると、昨日と変わらず厚い雲に覆われていた。

しかし事前の勉強で、マッキンリーは気圧が高くても低くても、一定を維持しはじめれば、そのあと二、三日で晴れるということを知っていた。

レンジャーの予報によるとこの天気はしばらく続くというが、このまま気圧が一定であれば、明後日には晴れるはずだ。ここでこのまま天候の回復を待っていては時間切れで敗退という結果になる。しばらく、標高五〇〇〇メートルの稜線を眺める。

「風はそんなに強くない、上がるなら今だ」

午前一一時ごろ、メディカルキャンプを出発する。ここのキャンプ地からハイキャンプに向かう者は誰もいなさそうだ。外国人が不思議そうに僕を眺める。

「ヘイ、ジャパニーズボーイ。これから上がるのか?」

「上がるよ。明日には頂上だ」

一四時ごろ、標高四九九〇メートルの稜線に出る。

ここからは雲の中で上も下も何も見えない。強風の中、狭い稜線を登っていく。何度も強風に吹き飛ばされそうになる。ロープを結ぶ相手がいない僕は、風に吹き飛ばされたらおしまいだ。

五感をフル稼働させながら自然と対話し、次の行動を判断する。

私利私欲は考えない。感じるままに。感じるままに。

ピンと張った心のアンテナがこの自然と向き合う。

標高五一五〇メートルのところでデポしていた荷物を取り出す。風も強かったので急いでピッケルを使って雪をかき分け、食料と燃料を取り出す。

しかし、荷物を見て僕は愕然《がくぜん》とした。燃料を入れていたシグ（燃料ボトル）に穴が開いており、燃料が半分以上も漏れていた。急いで雪をかき分けたときにピッケルがシグに刺さり、燃料が漏れたのだ。

ホワイトアウトでキャンプ地がなかなか見えない中、一七時ごろ、ようやく標高五二〇〇メートルのハイキャンプに入る。

テントの中で僕は頭を抱えていた。燃料が半分以上も減った。予備で持ってきた燃料もあるが、もって二日が限界だ。燃料がなければ、暖をとることも水を作ることもできない。一瞬、「明日、下山」という文字が風とともに頭の中を突き抜けていった。

6月11日　大雪　強風　停滞

おそるおそるテントの換気口から外を覗いてみる。目の前に広がるのはホワイトアウト。まるで夜のように暗い。昨日から降った大雪と強風でテントが押し潰《つぶ》されそうだ。

まるで一人で小さな潜水艦に乗っているようだ。制御不能となった潜水艦はどんどん闇の深海に沈んでいく。孤独で深い闇の中に。今のテントがまさにそうだった。

いつ潰れるかわからないテントを守るため、何度も外に出て雪かきをする。僕が張ったテント場は地吹雪で吹きだまりのできやすいところだったのだ。

天候は一向に回復する気配がない。しだいにあせりが強くなってくる。明日晴れなければ、下山しなければならない。

計画では、今日が下山して日本に無事を報告する日になっている。予備日もとってあるが、親や仲間は、どんなに心配していることか。

でも、僕の目に入るのは、マッキンリーだけ。後ろを振り向きたくはない。

「誰かのために登るのではない、自分のために登るのだ」

そう自分に言い聞かせ、僕は部室を去ったことを思い出した。

必ず、必ず登る。あの雲の上の頂上へ。そこに僕の夢がある。そして、越えるべき自分がいるのだ。

その夜、景気づけのため僕は、登頂後に食べるはずの五目ごはんと甘いものすべてを食べつくしていた。

6月12日　快晴　弱風

ぼんやりと目を覚ます。高所順応ができているのか頭痛はしない。よく見るとテントの中が明るい。

「もしかしたら！」

僕は、あわててテントの換気口を覗いてみる。目を疑った。そこには青く深い大空が見えていた。晴天だ。体の中の空気が一気に入れ替わる。ついに夢をかなえる日がきたのだ。

食事をすませ、アタックの準備にとりかかる。水筒に温かい紅茶と大量の砂糖を入れる。少しでも凍傷を防ぐために手足をマッサージする。気持ちを抑えるのに必死だった。

テントから外を覗くと、まだ太陽が顔を出さないデナリパスが見える。しばらくデナリパスの稜線を眺め、天候をうかがう。風は速い、風速二〇メートルはあるだろう。でも、この天気を逃したら次のチャンスはない。

一一時ごろ、僕はついに標高六一九四メートルの山頂に向けてアタックを決行した。

太陽がデナリパスに隠れていてとても寒い。快晴だが気温は低く、すぐに手足の感覚がなくなってきた。何度も手足に「ギュッ」と力をこめる。

ときおり、強風にあおられながらも一歩ずつ登っていく。一時間半ほどでデナリパスの稜線に出る。まわりの眺めは、今までの高度とはまったく違う。

高所とはこういうところなのか。心の中のわだかまりは少しも残っていない。完全に僕の心は空と一体化していた。

徐々に高度を上げていくが、呼吸は安定していて、頭痛もない。何かに導かれているような感じがするほど体調はよかった。

ナイフのように切り立ったサミットリッジにさしかかる。今まで登ってきた氷河や山々が視界に飛び込んできた。体が震えた。そして、ここで僕は山頂に立てることを確信した。

山に対する「不安」や「孤独」はもう僕の心の中にはなくなっていた。「不安」や「孤独」がこの山にあるのではない、あるとすればそれは自分の心の中にあるのだろう。それを克服すべく、一歩一歩、僕は心の空白を埋めるようにして登る。

聞こえるのは自分の鼓動だけ。あと一歩、あと一歩と……。

一七時一〇分、登りはじめて一六日間。

もうこれ以上登るところはない。

僕はついにマッキンリーの山頂に立った。

山頂の風は、鋭く冷たく、そしてどこか暖かく感じた。

僕は空を抱きしめるようにおもいっきり両手を空に向け、心の中で大泣きをする。

山頂に立った瞬間。今までの苦しみも悲しみもすべてが喜びに変わっていった。そして、「不可能」は、自分の心が勝手につくっているだけだということを知った。

僕は自分の殻を打ち破ることができたのだ。

第2章

なぜ僕は山を登るのか

母への誓い

生き抜くこと——それは最期に感謝できる人生を送れるか。

山に行っても行かなくても、いずれ人には、必ず死が訪れる。

八〇〇〇メートル峰など、危険なところに行っていると命を無駄にしているように思われることも多いのだが、けっしてそうではない。

むしろ、「死」と隣り合わせになることで「生」を感じ、生きていることへの感謝の気持ちが出てくるのだ。死を覚悟することによって、自分は何のために生きるのか、何に命を果たすのかを考えるようになる。

人間にとって、長く生きたかどうかは関係ない。大切なのはどう生きるのかだ。

高校二年生の夏。

僕は春から夏にかけての清々しい季節が好きだ。ただ、この年の夏だけは好きになることはできなかった。太陽は異常に暑く感じ、日に日に寝つきが悪くなっていった。

札幌のがん専門病院から車で四時間近くかけて、母は地元の町に帰ってきた。帰ってきたといっても自宅ではなく、行き先は町の小さな病院だった。

母はがんが全身に転移し、抗がん剤の副作用でベッドから体を起こすだけでも大変という状態だった。車で四時間も離れた街から、つらい思いをして帰ってきたのだ。

母が自分の住んでいる町に帰ってくる。それは死が近いということだった。

自分のもっとも近くにいた人がいなくなる。それも永遠に。

それを僕は受け入れることができず、「もしかしたら」との思いで、がんに効きそうな健康食品を買い集めていた。しかし、母は何も口にできない。

手を握ると、片目を少し開けて小さな力で握り返してくれた。その手は温かく、何も口にしなくてもすべてが伝わってきていた。

母は僕が幼いころから、体が弱かった。昔からわずらっていた喘息《ぜんそく》で、いくつもの薬を飲んでいた。

幼かったころの思い出。まだ小さな僕は、薬が嫌いだった。風邪を引いて飲むように言われてもまったく言うことを聞かず、「おもちゃを買ってくれたら飲む！」とわがままな要求をして泣きはじめた。すると母は僕をおんぶして、走っておもちゃ屋さんに向かってくれた。

母は体が弱く、走ることなどできないと思っていたが、そのときは、僕を背負って全力で走ってくれた。あのときの母の背中は今でも忘れることができない。

高校生になるころ、母の肺にがんがあることがわかった。だがそのとき僕は、「がんなんてすぐに治るさ」と現実逃避をするかのように、母の言葉を無視してテレビを見ていた。そのころの僕は夢や目標などなく、ただ友達と毎日楽しく過ごすことだけを考えていた。

母は、地元である今金町《いまかねちょう》から遠い札幌の病院に移り、長い間家に帰ってくることはなかった。しかし僕は、いつかよくなるさと楽観的に考え、見舞いにすらほとんど行くことはなかった。

高校二年生の春、久しぶりに札幌の病院に見舞いに行くと、そこにはそれまでとは違う母の姿があった。

痩《や》せて細くなった腕。髪の毛はなくなっていた。それでも母は明るく振る舞い、体を起こそうとする。このころ母は副作用の強い抗がん剤と放射線治療を何度も行い、嘔吐《おうと》を繰り返していたそうだ。

母は僕に「ごめんね」とひと言、言った。

僕は耐えられなくなり、部屋を出ていった。

自分でも情けなかった。なぜ、もっと来てあげられなかったのだろうか。

母はきっと寂しかったに違いない。僕は、廊下で自分の愚かさを恨み、そして泣いた。

それから、僕は父とともに主治医からの説明を受けた。何か希望があるのではないか、低い確率にでもかけてみたいとの思いがあった。

「もうこれ以上、治療法はないです。残念ですが、これからの時間をどう過ごすのかを考えてみてください」

もし楽に過ごすことを選ぶのなら、札幌にホスピスがある。しかし、母は体に重い負担をかけても、家族のいる町に帰ることを選んだ。特別な救急用の車を借りて、なるべく振動をたてないようゆっくりと車は病院に向かっていった。

その日から僕は毎日欠かさず、朝学校に向かう前と帰宅の途中に母のところに行った。がんが脳に転移した母は口を開けることすらできなくなっていた。それでも母の手を握りしめた。その目は僕に明るく振る舞おうとしているのがわかった。

母は強かった。抗がん剤の副作用で強い痛みがあったに違いないけれど、苦しいとか、もうだめかもなどというマイナスの言葉はけっして口にしなかった。

七月に入ると母の容態はさらに悪くなり、親戚も来て、昼夜関係なく病院に泊まり込むようになっていた。僕は、高校の学校祭が近づき、夜な夜な学校に残っていた。

七月五日、「今夜が最後になりそうだ」と父から連絡が入った。

僕が病院に行くと、母は肺に水がたまり、呼吸するのがやっとの状態だった。酸素マスクをした母。左の目はすでに開けることができず、右の目だけが開いている。母の体はますます小さくなっていた。母の手を握ると、握り返すほどの力はなかったのに、僕の手をつかもうとしてくれた。

深夜、母の心拍数がどんどんと落ちていく。心拍数を計測する音がだんだんとゆっくりになり、呼吸をする胸の動きが小さくなっていく。

母は残り少ない力を振り絞って酸素マスクに手を当てた。

酸素マスクをとってあげると、声も出せないはずなのに何かを伝えようとしている。

母は、小さな声で「ありがとう」と口を動かした。そして口を閉じて、眠るように息を引き取った。

僕は廊下で夜が明けるまで泣きつづけた。

それから僕は、母に誓った。けっして弱音を吐かないこと。そして、最期に「ありがとう」を言ってこの世から去れる人間になれるようにと。そのためには、中途半端に生きてはいけない。

何か自分ができることを毎日精一杯やろうと。そして、そのためには目的を持たなければいけないと思った。

「妖怪人間」だった高校時代

登山というものに興味などなかった。

本格的な海外登山を始めて五年の月日がたつが、よくここまでやってこれたなと自分に驚いているほどだ。

昔から登山が好きだったのですか？　とよく聞かれるが、そのようなことは全然ない。むしろ、山とは縁がない生活だったし、学生のときから何か目標や夢があったかというと、夢も何もない普通の少年だった。

中学生のときは、野球部に所属していたが、常に自分のほうに球が飛んでこないようにと祈りつづけていた。高校では空手をやっていたが、常に痛くないように終わるようにと祈りつづけていた。

僕は、学校では特殊な存在だった。

暗いけど目立つ。そんな存在だ。

クラスメイトの明るい人たちと交わることもなく、クラス対抗の球技大会では常に補欠。日陰の存在だった。

だが、日陰の存在の中ではもっとも輝いており、言い換えれば、一軍には上がれない二軍のエースみたいなものだった。


僕の出身校である檜山《ひやま》北高校は、学校祭に力を入れている。二日間にわたって行われる学校祭では、山車《だし》をひきながら仮装して踊って歩くパレードと、全クラス対抗の演劇があり、かなり盛り上がる。

しかも演劇はすべてがオリジナルのシナリオでなければいけないという、ハイレベルな学校祭だった。

山車も、踊りも、演劇もすべてが点数化され、その年にもっとも優秀なクラスが学年に関係なく決まる。もちろん、たいていは団結力があり、頭のいいクラスが優勝する。そんなクラスは決まって全員で抱きしめ合って大泣きをする。

学校は当時、進学科と普通科、農業科の三つに分かれていた。

さらに普通科はクラスが三つに分かれているのだが、僕のクラスは、その中でも頭が悪い生徒たちが集まっているようだった。

そんなクラスでもイケイケの男子とイケイケの女子がいて、彼らは授業中でもドラマのビバリーヒルズ青春白書の登場人物のようだった。しかし僕はそこになじむことができず、歴史の教科書に出てくる偉人たちの顔に、ペンで一つひとつ整形をほどこしている毎日だった。

当然、学校祭になるとその派閥の差がますます出てくる。ビバリー男子は、寝る時間も惜しんで山車作りに徹し、ビバリー女子は派手なパレード用の衣装を作り、ダンスの振り付けを考える。とても楽しそうだった。

そして、そこに属せない人たちで作られるのが演劇だった。約一〇人の志願者が演劇に集まってきたのだが、それは舞台に立つことが目的なのではない。小道具や大道具、照明など太陽のあたらないところを好んでいる人間たちが集まってきているのだ。

僕は自分を含め彼らのことを「妖怪人間」と呼んでいた。妖怪人間はとにかく太陽が眩《まぶ》しいのだ。

学校祭まであと数週間となっても、演劇をやるグループには、まったく進展が見られなかった。妖怪人間なので、まずリーダーがいない。そもそも全員帰宅部なのですぐに帰るし集まらない。

このままではクラス全体に迷惑がかかるし、もしかしたら、妖怪たちはビバリー族に虐殺にあうかもしれない。

意を決して、僕が脚本を作ることにした。その処女作は「新生代」。ストーリーはこうである。

新生代とは、原始人とマンモスが戦っていた時代のことである。

その原始人のところに突然、一つのラジカセがタイムスリップしてくる。

そしてそのラジカセをめぐって、三人の原始人が延々と三〇分間言い争っているというだけの話。

最後は、原始人たちは探検隊に見つけられ、捕獲されてしまう。

ラジカセがタイムスリップしてきたのではなく、たまたま未発見の民族が見つかってしまった、というわかりづらいオチをやりたかっただけだ。


当然、そんな演劇に出たがる人はいない。しかたなく自分で主演をして、あとの登場人物は横でうなずいているだけという、ほぼ一人芝居に近い孤独な演劇だった。オチもわかりづらくて、誰も笑わない。

しかしその劇が、なんと脚本賞や監督賞をとったのだ。一年生でそんな賞をとるのは、学校でも異例のことだった。そこから栗城演劇に火がついた。


二年生のときに作ったのは「東京ラーメン」。

ある東京のラーメン屋がヤクザの地上げにあう。借金の返済ができない店主（栗城主演）がヤクザとの究極のラーメン対決をすることになった。

店主は旅に出て、究極のラーメンとは何かを研究する。そして、ついにヤクザとのラーメン対決を行う。しかし店主は負けてしまう。ヤクザは、店主のラーメンを試食してこう言い放つ。

「えっ！　これがラーメンだって？　これはラーメンの麵《めん》じゃなくて、うどんの麵だ！」

東京ラーメンの店主は、究極のラーメンを考えていたら、最終的にうどんにたどりついてしまったというオチをやりたかったのだ。

前年に賞をとったという期待もあり、練習は厳しかった。そのころ、母が闘病中だったため自分自身の精神状態がよくなくて、ときには妖怪人間たちの胸ぐらをつかむこともあったほどだ。

しかしそのせいか、この年は総合優勝は逃したものの、二つあるうちの一つのステージで優勝することができ、最初はまったくやる気のなかった妖怪人間たちも徐々にまとまるようになってきた。

そして、三年生最後の演劇では、一五年間のディフェンディングチャンピオン、ずっと総合優勝を守っていた進学科を打ち破り、総合優勝を勝ち取ったのだ。

大学に入ると、僕はさらにエスカレートしていった。

大学の学園祭では空手ショーとうたって、お尻にロケット花火を刺したり、割れもしないレンガに後輩が頭突きをして、レンガが割れるのではなく、後輩の額が割れてしまったりという過激なショーをやりはじめた。

そして僕は徐々に脱ぐようになり、三年生のときはコンサート用の大きなステージ横のスピーカーをよじのぼり、裸でフルチンギターをやるなど過激さが増してきた。

僕の通っていた大学は、学園祭でも飲酒が禁じられていたが、スポーツ飲料のペットボトルに焼酎を入れて、仲のいいアメフト部や空手部の後輩たちと飲んで全裸で騒いでいた。

それに加え、単独での海外登山をやりはじめたことで大学から危険人物と目をつけられ、二度も退学勧告がやってきた。しかし、それを無視して卒業となる。

そして、学生生活で悔いのない最後を迎えようと、卒業式の一週間前に一〇〇キロマラソンをすることを思いついた。

卒業式前日に二四時間かけて一〇〇キロを走り卒業式会場にたどり着くという、一人二四時間テレビを行うことにした。

マラソン当日。札幌からちょうど一〇〇キロある室蘭の白老《しらおい》町に車で行き、いやがっていたのを無理やり頼んだ後輩の車で先導されながら走りはじめた。

しかし、三月の北海道はまだ雪である。つるつるした路面が、僕の膝《ひざ》をどんどんむしばんでいった。しかもトレーニングはまったくしていない。人間がいきなり一〇〇キロを走ったらどうなるのか、それを試してみたかったのだ。

一晩が過ぎ、朝日が出てきたときには、もはや走ることはできず右足をひきずりながら歩いていた。走りたくても走れない。やるんじゃなかったと思っていた。

「もうやめよう。十分だよ。ありがとう」と言うと、あれだけ面倒くさがっていた後輩たちが涙を流していた。

ゴールまで残り一〇キロ、徐々に今まで一緒に遊んできた後輩や友人たちが僕のまわりに集まりはじめていた。

しかし、もう歩くこともできない。すると空手部の後輩が、僕を背負ってくれた。そして次から次へ、人から人へと僕の体は背負われ、そのままゴールに向かったのである。

最後の感動のゴール。僕は微妙な表情だった。なぜなら、今だから言えるが、ゴールの手前約五キロ地点で歩くことも背負ってもらうこともできなくなり、最後はタクシーに乗ってゴールしたからだ。

人生を変えたひと言

高校を卒業した僕は、札幌の大学に入るまでに一年のブランクがあった。自分で言うのもなんだが、空白の一年間である。だが、この一年間の空白がのちの「ヒマラヤに憧《あこが》れる栗城史多」をつくってくれた。

高校を卒業しても、夢や目標は何もなかった。

ただ漠然と思っていたのは、型にはまった生き方をしたくないということ。今となれば、「もうその時点で、失敗人生への発想だ」と思うのだが、学祭の演劇で味わった栄光が忘れられず、いつかは脚本家になりたいと漠然と考えていた。

しかし、自分でもそんなことが成功するとは思えなかった。なぜなら、自分自身に「どうしてもなりたい」という確固たる決意みたいなものがなかったからだ。

それでも僕は、何かに挑戦したいという思いと、東京に一度行ってみたいという田舎者的な発想で、東京に向かった。

新しい住まい。初めての一人暮らし。東京に住むのだと思っていたが、親戚の家が近いということで、神奈川県の川崎市に住むことになった。


高校を卒業するまで僕はアルバイトをしたことがなかった。

僕の暮らしていた町はかなりの田舎で、アルバイトをするところがない。だから、東京だと思って出てきた川崎市で一人暮らしをするために、大手の牛丼屋で初めてのアルバイトをすることになった。

しかしそれはすんなりとはいかず、店の先輩の女性にいじめられる毎日だった。

ある日、こんな事件があった。

その牛丼屋では金庫から数千円がなくなることがあり、問題になっていた。

そのたびに先輩は、掃除をしている僕に聞かせるかのようにこう言った。

「あたしは絶対に栗城君が怪しいと思うわ。だって彼は北海道から出てきたばかりだし、なんだか盗《と》りそうな顔をしているもん」

余計なお世話である。しかしその後、先輩は突然店を辞めてしまった。後でどうやら先輩が犯人だったらしいという噂《うわさ》を聞いた。


牛丼屋を辞めた後についた仕事は、東京駅の警備員だった。

朝日が上る前から警備にあたり、太陽が沈んでから帰る。それを休みなく毎日繰り返していた。

そこで毎日何万人もの人間観察をしていたのである。

もちろん、有名芸能人を発見したりもするのだが、さすが東京、変質者も現れたし、ホームレスの集団に囲まれ、殴られたこともある。そうして、僕はだんだんと人間不信におちいっていった。

高校のとき、僕の友人だった妖怪人間たちはいったいどうしているのだろう。僕でさえこんなに社会の人間関係に悩んでいるのだから、彼らならどこか森に帰っているかもしれない。

それでも休むことなく、毎日警備のアルバイトに行った。

僕には一つだけ、希望があった。

高校三年生のときから、二つ年上の彼女と二年間つきあっていた。彼女は気が強く、僕を奴隷のように扱っていたのだが、そこがまたたまらなく好きだった。

彼女の趣味は登山と山スキーだった。東京から北海道まで会いに帰っても、山に行っていることが多く、わざわざ何時間もかけて会いに来ても会えないというところにロマンを感じ、ますます彼女への思いは強くなっていた。

そして、彼女といつか一緒になろうと自分で勝手に決意し、北海道に帰ることを計画した。

だが、ただで帰るわけにはいかない。彼女が認めてくれる男になってやろうと思い、お金を貯《た》めるのに必死だった。

彼女にどういう人が好きなのか聞いたことがある。

そこで出された条件はこうだった。

一、車を持っていること。（これは広大な北海道で生きていくための必需品である）

二、大学を出ていること。（別にそれはいらないと思うが、行って損はないと思う）

三、公務員がいい。（なりたくないけどしょうがない）

この三つをかなえて彼女好みの男になるために、僕は警備員のアルバイトを続けた。

そしてまず一年後に、札幌の大学に入った。もちろん公務員を養成する学部だ。

そして、小さいながらも自分で車を買った。

おかげで貯金はなくなったが、これで彼女に認めてもらえる。そう思った
ある日、僕の買ったばかりの車の中で事件が起きた。

まったく目を合わせてくれない彼女。彼女は半分怒っているかのような顔で、突然別れを告げた。理由をいろいろと聞いてみたが、さっぱりわからなかった。

そして、最後に言いたいことがあると言われた。

「二年間、つきあってきたけど。あまり好きじゃなかった」

そのひと言で、すべては終わった。高校卒業後、遊びもせず一つの希望に向けてひたすら突き進んできたが、ここで時が止まった。

その後、僕は再び妖怪人間となり、一人で部屋に閉じこもるようになっていた。

毎日、朝から朝まで寝ている日々。

エアコンのない部屋で、布団の上でずっと寝ていると、岩盤浴のように汗をかいた。

一週間以上もの引きこもり生活。ある日、背中がかゆいと思ってシーツをよけると布団に黒いカビが生えていた。

しかもそのカビが人型になっていることにびっくりした。


このままでは自分はダメになっていく。何か見つけなければ、母との誓いを破ることになる。

そう思っていたとき、たまたま他大学の友人のところに行くことになった。

小学生のときからの友人はブルーグラスという渋いカントリーミュージックをやっていて、そこの部室に向かう途中、木の古い看板に「山岳部」と書かれた部室があった。

ドアの前には数年前からあるような「部員募集中」という紙が貼《は》ってあり、

名前と電話番号を書く欄がある。

だが、そこには名前は書かれておらず、うんちなどと落書きがされていた。


山岳部なんて誰が入るだろう。

冒険家・植村直己《うえむらなおみ》さんの時代は、山岳部は人気のある部活動だった。だが、山でのしごき問題などがあり、その後、山岳部人気は衰退していく。

休日に山に行けば、友人と遊ぶことはできないし、山の装備は高い。冬山装備を一式そろえるのに二〇万はかかる。

また何よりも、つらく大変な登山をあえて好んでやろうとする人間が集まるのだから、変人ばかりで、普通の人がついていけるはずはない。


しかし、その古びた看板を見たときに、彼女が山に登っていたことを思い出した。小柄な女性だったが、どうしてあんな危険なところに行こうとしたのだろうか。

どうして人は山を登るのか。
その答えが知りたいと思い、その古びた看板の募集欄に名前と電話番号を書いたのだ。

第3章

世界の屋根と日本の空をつなぐ

同じ空の下で

ヒマラヤの空は本当に青い。標高を上げていくと空は徐々に浅い青から深い海の色に変わっていく。

標高八〇〇〇メートルから見る空は、この空が宇宙につながり、そして自分の住んでいる日本とヒマラヤとがつながっているのだと実感させてくれる。

二〇〇九年四月。僕はヒマラヤにある、世界第七位の高峰ダウラギリ（八一六七メートル）に向かった。

本来は、この時期に七大陸最高峰登山の最後となるエベレストを登る予定だったが、政治的な問題のため、中国側からの登山許可が下りなかった。

エベレストは、中国とネパールの国境沿いに位置し、それぞれ名前の読み方も違う。中国側のエベレストはチベット自治区にあるため、ここ最近は、入域すらできない状況だった。

エベレストへの訓練として、二〇〇七年五月にチョ・オユー（八二〇一メートル）を登り、二〇〇八年一〇月に登ったマナスル（八一六三メートル）では山頂からのスキー滑降にも成功した。スポンサーも見つかりはじめ、エベレストへの準備はできていた。

いつでもエベレストに行ける。もう迷いはなかった。

しかし、出発の二週間前になっても入山許可が下りない。外務省や関係各所にお願いと情報の収集をしに行くが、チベットで暴動が起きており、情勢の回復のきざしは見えなかった。

このままでは、エベレストの単独・無酸素・無許可登山になるかもしれない。そして、そのまま日本に帰ってこられなくなるだろう。しかし時間は刻一刻と迫ってきていた。

八〇〇〇メートル峰は、六大陸の最高峰とは比べものにならないぐらい大きい。

六大陸の最高峰は、地球を感じながらの登山としては、どの山もすばらしい。初めての海外遠征で登ったマッキンリーからの眺め。まるでどこかの惑星にいるかのようだった、南極の最高峰。アフリカでの、たくさんの動物や人との出会い。そして、ヨーロッパの遠征ではアルピニズムの歴史を学んだ。どれも忘れることのできない思い出。この経験が、ヒマラヤへ向かう僕をつくってくれた。

だが、僕の目標は七大陸最高峰ではない。やはり、ヒマラヤの高峰なのだ。希薄な空気と、深く青い空。呼吸をするだけでも、「生きる」という力がもっとも必要な場所。そんな世界にいつも憧《あこが》れ、そこに行くために六大陸の最高峰があり、ヒマラヤのために毎日の生活があるようなものだった。

まだ誰も登っていない未踏峰や、ヒマラヤの高峰のバリエーション・ルート（通常とは違うルート）を単独で登ってみたいし、魅力的なアンナプルナ南壁やK2も登ってみたい。そして、いつかは世界の八〇〇〇メートル峰一四座にすべて挑戦し、未知なる冒険をやりつづけていきたいと思っている。

冒険家や登山家にはさまざまなスタイルがあるが、僕の目指すところは、八〇〇〇メートル峰をスキーで滑降することである。

二〇〇七年、初めてのヒマラヤ遠征のチョ・オユーで、山頂からのスキー滑降に挑戦したかった。

しかしチョ・オユーではヒマラヤの圧倒的な力に初めて触れ、スキーを頂上まで持っていくことができず、七五〇〇メートル地点に置いてきた。

「不可能とは自分でつくるもの」そう言いながらも、実際にスキーを担いで八〇〇〇メートル峰を登っていくのは肉体的にかなりの負担だった。

やはりスキーは登るための道具ではない。スキーがあるから登りが楽になることはなく、逆に余分な体力が奪われる。

標高七五〇〇メートル以上はデス・ゾーンと呼ばれ、酸素量は地上の三分の一ほどにもなり、人間がいられるような場所ではない。そんなところで、重さ四キロのスキーを担いでいくのは、よっぽどのスキー好きでも難しい。

いつか、山頂から滑ってみたい。そう思うようになり、二〇〇八年秋にマナスルの山頂から滑り下りた。

しかし、マナスルでは四回ターンをしたところで気絶し、雪の塊に突っ込んだところで目を覚ました。

スキーは有酸素運動なので、八〇〇〇メートルで滑ると、酸欠状態になり、頭が真っ白になってしまうのだ。八五〇〇メートルを越える山での単独・無酸素・スキー滑降には限界がある。だが登頂の後、マナスルの八〇〇〇メートル近くから滑り下りたときには、登りではあれだけ僕の足を取り、膝まで覆っていた雪がパウダースノーに変わり、スキーで滑ることができた。空を飛んでいるような最高の瞬間。あの気持ちは今でも忘れられない。

なぜ、僕がそれほどスキーにこだわるのか。それは、僕が北海道をフィールドにしているからだろう。

北海道の山は本州の山とは違い、広く、そして雪が深い。そのため、スキーにシールをつけ、静かな雪山をラッセルして登る。苦労もあるけれど、その後には、お楽しみが待っている。

ヒマラヤで北海道のように滑ることはできないが、僕は八〇〇〇メートル峰の風になりたかった。

しかし、出発予定日まであと二週間になっても、ネパールのエージェントからいい返事は来なかった。

無線通信やインターネット生中継をするための隊員は、すでに出発に向けて準備が整っていた。エベレストの入山許可が下りないからといって、このままますべてをキャンセルするわけにはいかない。

僕はネパールのエージェントに電話し、急遽《きゅうきょ》、登る山を変更することにした。ヒマラヤ七番目の高峰、ダウラギリに決めた。サンスクリット語で「白い山」という意味だ。

ダウラギリは、八〇〇〇メートル台前半の山でも均整がとれた美しい山だ。標高差二〇〇〇メートルもの東壁がある。いつかあの大きな雪壁を登ってみたいと思っていた。

東京にある、間借りしている事務所に隊員を全員そろえた。

「今回は、エベレストには行きません。ダウラギリに行きます」

みんな、リアクションがない。

「ダウラギリってまた微妙なところだね」と失笑する者もいた。

みんな、ダウラギリという山の名前は知っていても、どんな山なのか具体的には知らない。それは、僕も同じだった。

エベレストをいきなり単独・無酸素で登ることはできない。その前に八〇〇〇メートル峰を登り、自分の体が高所でどのような反応を起こすのか、高山病だけではなく、自分の精神状態などを知ることが必要だ。そして長い時間をかけて高所に慣れ、血液中の赤血球を増やし、体内に酸素を取り込める体をつくらなければいけない。

だが、八五〇〇メートルを越える山になると、逆に酸欠から筋肉の量が減り、疲れから体を回復させるのにも時間がかかると言われている。

ベストな状態でエベレストに登る。そのために、春にダウラギリを登り、体を回復させ、秋のモンスーンが明ける直前にエベレストを登ることにした。

八〇〇〇メートル峰では、ベースキャンプから頂上まで、何日間もたった一人で登らなければいけない。常に細かい天候の情報を得ることが、登山の鍵《かぎ》となる。

また、何日間も一人で登っているとき、精神的な支えになるのはベースキャンプとの無線の交信だけだ。だからその無線交信は、本当に信頼できる人とでないとできない。

その無線交信をお願いするために、僕が尊敬するプロ山岳スキーヤーの児《こ》玉毅《だまたけし》さんに参戦してもらうように頼んだ。

実は児玉さんとは、一緒に山に行ったことがなかった。ただ、飲み会で知り合っただけの仲である。

だが、児玉さんはスキーヤーとしての実力があるだけではなく、登山家としてもエベレストの登頂経験もあり、未踏の山も登る山岳スキーヤーだ。また、子どもたちが自然の中で遊ぶことが少なくなってきていることに問題意識を持っており、パウダースノーの魅力をたくさんの人に伝える活動もしている。そんな児玉さんといつか山に行ってみたかった。

そして、ダウラギリではもう一つ、インターネットでの生中継にも挑戦することになった。僕の夢は、エベレストを単独・無酸素で登頂し、さらにそれをインターネットで生中継すること。ただ登るだけでなく、その冒険を共有し、みんなに「生きていることのすばらしさ」を伝えたいと思っている。

人から「どうして山に登るのですか?」とよく聞かれる。

プロ野球選手に「どうして野球をやるのですか?」などと聞くことはないだろう。だが、「山」の世界は、普通は見ることができず、理解してもらうことは難しい。著名な登山家などが文章で伝えようとしてはいるが、その場の空気感などは、やはり現場に行かないとわかりづらい。

そして、野球やサッカーはその日のうちに試合が終了するが、ヒマラヤの八〇〇〇メートル峰では高所順応も入れて、最低一か月は山にいることになる。試合時間が他のスポーツに比べて長いのだ。だが、死亡する確率はどのスポーツよりも高い。八〇〇〇メートル峰の無酸素登山に挑戦し、たくさんの登山家が亡くなっている。特に単独・無酸素は……。

しかし、そんな世界からだからこそ、伝えられるものがあると感じていた。孤高の挑戦をする登山家なら、きっとみんな同じ想いがあると思う。

「生きる力」、それを伝えるためには「リアルタイム」で冒険を共有する必要があった。そのためには重い機材を山に上げなければならないし、莫大《ばくだい》な通信費がかかる。それでもやる必要があった。これが僕の使命なのだ。

そのためにも、隊員全員で力を尽くすことになった。

世界第七位　ダウラギリ（八一六七メートル）

5月15日　現地時間9時15分

いよいよ、夢を一歩前進させる時が来た。

日本とヒマラヤをインターネットでつなげる。重さ四キロにもなる中継用の機材をザックから取り出し、長さ四〇センチのアンテナを取りつけた。細かい作業をするので素手に近い状態で操作する。

アンテナを標高四八〇〇メートルのベースキャンプに向ける。今僕がいる標高六五〇〇メートルが、ベースキャンプへ電波を飛ばすことができるギリギリの標高だ。

水に濡れると爆発するという軍用のバッテリーを慎重に送信機につなげる。しばらくすると「栗城さん、映像が来ています。途切れ途切れですが、大丈夫です」という声が聞こえた。

今、僕から見えるヒマラヤの空が、日本の空とつながった瞬間だった。僕は涙を流し、叫んだ。伝わってほしい。この空は、日本もヒマラヤも、世界とつながっていることを。

今目の前にある巨大な山と深い青い空は、作り物でも空想でもないリアルな世界だ。そして、そこは誰にでも行ける。自分の志一つで。

天候は、晴れ。下を覗《のぞ》くと、はるか彼方にベースキャンプのキッチンテントが見える。六五〇〇メートルでもかなりの高度感だ。

映像が日本に届いていることを確認。数メートルほど上に向けて歩き出し、その様子を解説していった。

「ナマステ！　栗城です！　生きています！」

いつものスタイルだった。そして、いよいよ最後のスキー滑降。ヒマラヤの高峰を滑る瞬間をリアルタイムで伝えたかった。ヘルメットに小型のカメラを取りつける。スキー板の重さは、二本合わせても三キロもない。靴に板を固定するビンディングは重さ四五〇グラムの超軽量のものだが、ブーツにセッティングするのに時間がかかる。

ようやく準備ができ、ダウラギリの広大な雪面に向けて滑り出す。視界はよく、C1に自分のテントが小さく見えていた。大きなクレバスが数か所見える。風もなく、これならいけると確信した。

行きます！　と声を出し、板はC1に向けて滑り出した。地上のようには足に力が入らない。雪面はクラストしていて反動がじかに足にくる。太ももが破裂しそうだ。

ヒマラヤを滑る。青い大空を飛ぶように。そう思った瞬間に上も下もなくなり、僕は雪だるまになるかのようにこけて落ちていった。その瞬間、同時に映像は途切れた。

きっと、生中継を見ていた人たちはびっくりしただろう。あんなことは真似しちゃいけないと。

生きていく中で一番怖いのは夢を達成した瞬間かもしれない。

生中継を成功させることはできたが、すべての力を出しきったようで体が重い。また、スキーで転んだときに膝《ひざ》を痛めてしまった。

だが予報では、二日後まで晴れるがそこからは天候が悪くなるという。今行くしかない。ここからは誰のためでもない。そして自分のためでもない。「生きて帰る」、ただそれだけのためにあの頂に向かう。

ダウラギリに風が当たり、雪が雲もように舞っていた。

5月16日　5時

まだ日の出ない中、六五〇〇メートルのC2に向けてテントから外に出た。まだ外は暗く、うっすらと東の方向にあるトゥクチェ（六九二〇メートル）の向こう側の空が青くなっていくのがわかる。はじめはオレンジ色の光が射し、そしてそのオレンジの光のまわりが徐々に青に変わっていく。

Ｃ２への行動予定時間は六時間。だからもっと遅く出発しても大丈夫なのだが、ごくわずかな瞬間だけダウラギリが小麦色に輝く瞬間がある。太陽がダウラギリに当たると赤とオレンジに神々しく光り、そして空が青くなっていく、そのわずかな時間に黄金色に輝くダウラギリを眺めながら標高を上げていく。

気温が低いせいか、雪が解けはじめていないため、クレバスはまだ起きていない。前は途中でヒドンクレバスに両足が落ちた。両手を前に出して、飛ぶように体を穴の向こう側に出した。ヒドンクレバスはどこにあるかわからない。前回自分が落ちかけた穴もまだそのままあった。こんな小さな穴に殺されかけるなんて、山は何が起こるのか本当にわからない。

13時

無事にＣ２に到着する。

食料や燃料をデポして（埋めて）おいた場所に刺した目印の竹の竿が、きちんと雪に刺さったままだった。竹竿が目印となり、どれだけ雪が積もったかがわかる。近くにあったインド隊のテント跡はすべて雪で流されていた。

テントに入り、食事をすませるとすぐに寝袋に入った。前回、高所順応でこのC2に来たときは、肝心なガスを忘れてしまい、食事もできずに凍えるような一晩を過ごした。でも今は、温かい食事がある。

明日からは標高七二〇〇メートルのC3に一泊して最後のアタックをするのだが、ゆっくりする時間はない。そして軽量化のために寝袋も温かい食事も持っていかない。ここが最後の休養だ。けっして暖かいとはいえないこの寝袋の中から出たくないと思った。

5月17日　8時

朝、強風がテントにたたきつける音で目を覚ます。風速は二〇メートル以上もあるだろう。テントを開けると雪が積もっており、雪煙が中に入ってきた。簡単な食事をすませて出発する。

ダウラギリの上から降りそそぐ強い風と雪が、足を奪っていく。まるで来るなと言っているかのようだ。

山で一番体力を使うのは、深く積もった雪のラッセルだ。両手、両足で体重を分散させて、沈まないようにかきわけていく。

「登っているときに何を考えているのですか?」と聞かれることがあるが、「雪に埋まらないように硬い層を見つけて、沈まないように進む」など、目の前のことを淡々とやることしか考えられない。

そして、雪は徐々に硬くなり、コンクリートのように硬いアイスバーンになってきた。そこからはストックではなく、アイスバイルを氷に刺しながら登っていく。後ろにドイツ隊がいるようだが、彼らは登ってこられるのだろうか。

もしここで足を滑らせたら一〇〇〇メートル以上も落ちる。山で亡くなる危険といえば、雪崩《なだれ》や高山病、落石、滑落などがあるが、ここで滑落して死んでも、誰も気づいてくれないだろう。

アイゼン（登山用の靴につける金属の爪《つめ》）をいつもより強く、氷と雪がミックスしたような地面に蹴《け》り込み、足場を固めていく。

標高七〇〇〇メートル。ここからダウラギリの未知なる領域に入っていく。見渡すとアンナプルナⅠ峰（八〇九一メートル）が小さなピラミッドのように見える。アンナプルナは、標高は低いが雪崩が多く、もっとも死亡率の高い山だ。切り裂かれた斜面についている雪が輝いて美しかった。いつか行ってみたい。エベレストが終わっても、きっとまた山に向かうのだろう。そして、遠くには砂と雪のチベット高原が見えた。標高七〇〇〇メートルから上は、人間の領域じゃないように思えた。

14時ごろ

七二三八メートルの急な雪壁にキャンプを張ることにした。本来であれば七五〇〇メートル地点で張るのだが、これ以上高度を稼いでも、酸素の薄いところに長時間いると、体力を消耗してしまう。ここで体力を温存して、深夜一気にアタックをかけてみよう。

まわりを見渡すと、テントの残骸や跡地らしきものがあるのだが、どれも快適なテント場とは思えない。しかし標高を上げれば上げるほど急斜面になり、氷の壁が続いているようだった。これ以上行っても、快適なテント場はないだろう。少し標高を下げてテントの残骸があるところにしようと決める。

ところが、そこはすでに後続で来るドイツ隊にツバをつけられていて、僕にはテントを張る場所がなかった。

僕は「山との対話」をしながらの登山を目指し、単独で登っている。誰かがそばにいると気になってしまい、純粋な登山ができないのだ。だがときどき、誰もいないと怖くなることもある。結局、人間は人とのつながりがないと生きていけない動物なのだろう。

しかたがなく、新しく雪を掘り起こし、テントを張ろうとするが、雪が硬く、スコップの歯が立たない。ピッケルで氷のような雪を削るが、酸素が薄く体に力が入らない。強風で吹き飛ばされないようピッケルで体を支えているのがやっとだった。

思っていた以上に時間がかかりそうだ。まわりは濃い雲に囲まれ、徐々に寒さが増してきた。アタックの行動予定時間は一〇時間。早くテントを張って寝なくては。

近くに、雪がない小さなテラス（平らなところ）が見える。テラスの奥には絶壁が見えるが、もうここしかない。「横になれる」ただそれだけで最高の贅沢《ぜいたく》だ。

一人用の軽量テントを設営しようとするが、強風でテントが凧《たこ》のように飛んでいきそうだ。それでもテントに体をねじ込ませ、飛ばされないように体で支えた。

テントの中に入って横になると、平らに見えたテラスが下向きに斜めになっていることがわかった。しかもテントの三分の一が、岩の外に出ている。体がジリジリと下に落ちていく。斜面に対抗するかのように体を曲げて、なんとか体重で支える。休んでいるはずなのに、消耗していきそうなテント場だ。お湯を沸かし、一杯のココアを飲みながら出発の時を待った。


日が暮れて、テントに当たっていた光が消えていく。体内の火も消えていき、氷のような寒さが襲ってくる。荷物の軽量化のため、寝袋も温かい食事も持ってこなかった。ここからは自分の体内にあるエネルギーをどれだけ燃やせるかだ。頭の中で暖炉をイメージしながら手足をこすりつけた。

その暖炉に温まりながらうとうとしはじめると、突然上のほうから叫び声が聞こえてきた。はじめは幻聴かなと思った。だが、その声は徐々に大きくなり、大きな物体がテントにぶつかり、僕に覆いかぶさってきた。あわや、テントごと急斜面の下に吹き飛ばされるところだった。

暖炉の火は消え、何事かと思いブーツも履かずにテントから出てみると、そこには一人のネパール人が横たわっていた。

僕は声をかけ、体を起こしてあげた。けがはない。意識もしっかりしている。彼はドイツ隊の雇ったシェルパで、上部に偵察に行くときにあやまって滑落し落ちてきたのだ。

僕のテントはシェルパのアイゼンで引き裂かれ、大きな穴が開いていた。これからアタックをするというのになんてことをしてくれたんだ。だが、このテントがあってよかった。もしこのテントがなければ、彼はそのままがけの下の絶壁に落ち、もう上がってくることはなかっただろう。

彼は、しばらくすると自分で立ち上がり、下山していった。テントを直してくれと言いたかったが、そんなことはとても言えない。テントをもう一度張り直し、休養とはいえない短い時間の休みを全身でかみしめていた。

23時

ベースキャンプの児玉さんとの交信時間になった。

予定では二四時に出発だが、風がおさまる気配がない。ベースキャンプの無線にもテントに強風がたたきつける音が伝わっており、こちらの言葉が聞き取りづらそうだった。少しでも休みたい。

「二四時にもう一度交信します」と伝え、無線を切った。

風もそうだが、他の隊の動向が気になっていた。それは彼らも同じことだろう。このC3にいるのは韓国人二人とドイツ隊の八人。そして、日本人の僕だけだ。

この深い雪を誰かが先にかきわけて進んでくれれば、あとはそのトレースを追っていけば楽に進むことができる。考えていることはみんな同じだ。だが、それは純粋な登山とは思えない。誰かいても、誰もいなくても、自分の登山に集中しようと思った。

そう思いながらも、テントを少し開けてまわりの様子をうかがっている自分がいた。

二四時を過ぎても誰も出てこない。これ以上、誰かをあてにするのはやめよう、深い雪と強い風、そのダウラギリのすべてを受け止めて登ろう。

「明るく、元気に、楽しんで、すべてに感謝。ありがとう」と手持ちカメラの前で自分にメッセージを送った。

5月18日　1時

暗闇の中、雪壁に向かっていく。風が強く、斜面についている細かい氷の粒が顔に当たる。顔を覆うフェイスマスクをしているのだが、それでも氷が目に入り、痛い。冷たさと痛さで目を開くこともできないまま、手で探りながらひたすら登っていった。体の調子は思っていたよりもいい。ようやく稜線まで上がると、さらに風が強くなる。風を全身で受け止めなくてはいけない。耐風姿勢をとり、風がやむ瞬間を待った。

とても顔を上げることができない。下を向きながら登っていくと、自分の足元から、遠くに小さな光が動いているのが見えた。

後続のドイツ隊と韓国隊だ。予定した時間に出発したのか、それとも先に出発した僕に触発されたのか、蛍のような白くて小さな光がジリジリと上がってきているのがわかった。ここでは人間も小さな虫も、同じ命だ。

ヒマラヤはいつも、人間の小ささを教えてくれる。だからこそ登頂すると大きな自信につながるが、けっしておごり高ぶることはない。登れば登るほど、自然に対して謙虚になるのだ。

標高七七〇〇メートル。ここから徐々に、夜空の星々をオレンジ色の光が包み込んでいく。

ヒマラヤの高所から見る星空は、都会では見ることのできない星空だ。星は自分の上だけではなく、まるで宇宙にいるように横にも広がって見える。しかもその一つひとつに強い光を感じる。まるで星に命があるようだ。そして、その星が一つひとつ、東の空から消えていき、七〇〇〇メートル級の山々が眼下に見えた。

雪は徐々に深さを増していく。先ほどまでの硬い雪に太陽の光が当たると、少しずつやわらかくなっていくのがわかる。そして、ずるずると雪が膝まで覆うようになってきた。足をとられて前に進みたくてもなかなか進めない。まだ目の前には山頂が見えず、見えないゴールを目指しているかのようだ。

6時

オレンジ色に輝きはじめたダウラギリの岩峰を見つめながら山頂を探し登っていくが、岩峰の一つひとつがぼやけて見え、岩なのか、ただの黒い物体なのかよくわからない。サングラスがくもっているのだろうか。サングラスをはずし急いで拭《ふ》いて見てみるが何も変わらない。

霧のようなガスがかかっているように見えるが、そうではなさそうだ。低酸素の影響で、目が見えなくなっていたのだ。エベレストの無酸素登山で、下山中に目が見えなくなり、亡くなった人もいる。雪をかきわけながら進むときに呼吸が荒くなり、十分な酸素が取り込めなくなっていたのだ。

無線でベースキャンプと連絡をとる。

「目が見えない。目が変になっている」

「無理をしないで下りたほうがいい。とにかく下山することを頭に入れて」

「わかりました。でもギリギリのところまでがんばります」

「ギリギリまでがんばったらダメだから」

山に入るのは、必ず自分の力で生きて帰ってくることが条件だ。僕はまだ山で死んではいけない人間である。なぜなら大方の人が、僕の単独・無酸素のチャレンジを「無理」だと思っているからだ。

その人が思う「無理」「不可能」を取っ払いたい。だから僕は生きて帰らないといけない。だが、僕の足は山に向かっていた。やはり山頂に立ちたい。

「まだいける」小さな声で自分に言い聞かせ、腹式呼吸でたくさんの酸素が体中に充満している自分をイメージする。

手は冷たく、ガチガチと震えながらも深く呼吸をして、このダウラギリのすべてを全身で受け止めていた。

まだ目は回復していないが、少しでも前に進みたい。それが今の正直な答えだった。たとえ山頂に行けなくても山頂が見えるところまで行ってみたい。だが、体は思うように動かない。そんなときにふと出てきた、ある言葉を口にした。

「ありがとう」

なぜ、ありがとうと口にしたのかわからない。ただそのほうが、力が出たのだ。

苦しみに対抗しようとしても力は出ない。この苦しみを受け入れるしかないのだ。苦しみも不安もすべては自然の一部であり、僕はその自然の中で生かされている。

気づくと目もだいぶ回復しており、岩峰の細かい本数も数えられるようになってきていた。

岩峰がよく見えるようになれば、山頂が見えるはずだ。

しかし、ダウラギリの難しいところは、その山頂を見つけることだ。ダウラギリに挑んできた人たちで、山頂に着いたと思ってもニセの頂上と間違えていて、正式な登頂とは認められない人たちがたくさんいた。

見上げれば、三つほど山頂らしき岩峰が見える。その中から正解を探さなくてはいけないのだ。

僕は事前に、本物の山頂の特徴をサーダー（シェルパのリーダー）から聞いていた。しかし、サーダーの手書きの説明は宝地図のようでわかりにくい。山頂付近の写真を何枚か見て、事前にルートの確認をとった。

そこでわかったのは巨大な白いクロワール（岩溝）の上に稜線があり、その稜線を上がるとポーランド人の遺体があること。その遺体の左横に山頂がある。

皮肉なことだが、遺体が山頂の目印になっていたのである。

目の前に数本の岩峰が見える。手前の岩峰が大きく見え、早く楽になりたいという気持ちから、目の前の岩峰が山頂のように思えてしまう。

しかし、目の前にある岩峰はニセモノだ。写真で見た巨大なクロワールと岩峰は右の奥にあるはずだ。僕は、目の前の岩峰から目をそらしながらひたすら奥へ奥へと進んでいく。


高度計の数値はすでに八〇〇〇メートルを越えていた。先ほどまであった強い風もなくなり、快晴無風の中、雪を踏みしめていく。

山頂が目の前だというのに体が思うように動かない。一歩踏み出すのに深呼吸を一〇回以上もしないといけない。

わずか五メートルの距離を歩くのにも心臓が張り裂けそうだ。振り返ると後続のドイツ隊の姿が見えない。彼らはあきらめたのだろうか。

「生きて下山」それを頭の片隅に入れながら前へ進んでいく。

13時10分

無線で高さ五〇メートルぐらいの最後のクロワールの位置を確認する。

クロワールは思っていたより雪が深く、体重をかけるとまるで砂時計のように下に流れていく。

体重を四方八方に分散させ、少しずつ登っていく。このクロワールの向こう側には、いまだ見たことのない景色が広がっているに違いない。

はやる気持ちとは逆に体はどんどん動かなくなっていく。細胞の一つひとつがまるで息切れをしているかのようだった。それでもなんとかクロワールを出て、稜線の向こう側を覗いてみた。

先ほどまで見えていた雪の壁はなくなり、青と白銀の山々が地平線の彼方まであった。

稜線に手を当てて体を押し上げようとする。手を当てた岩は、日が当たっていて温かかった。最後の力いっぱいで前足を持ち上げて登ってみると、岩の上で仰向けに寝ている男が見える。黄色のブーツに紫色のオーバージャケット。服は風で切り裂かれていた。

男は、まるで昼寝をしているかのようだ。だが、ここで昼寝をする人はいない。あのポーランド人の遺体であることは間違いなかった。遺体を見ても、驚くことはなかった。低酸素の影響なのか、それが自然の原理原則だと思っているのか、「かわいそう」という気持ちはまったく出てこなかった。

春の陽気を感じさせる暖かい稜線。とてもヒマラヤとは思えなかった。そこで男は大の字になり、ヒマラヤの景色を眺めていた。男はもしかすると、幸せなのかもしれない。

左横を通ると岩峰の頂が見えていた。

雪はなく、先の尖《とが》ったアイゼンでガリガリと音をたてながら最後の岩を登っていく。

14時

目が見えなくなるという状況の中で、まさかここまで来られるとは思わなかった。いつも頂上に着く瞬間に思うこと、それは山頂近くでは自分が登っているのではなく、自然の大いなる力で登らせてもらっているのだということ。そして、「生かされている」ということに気づかされる。人間は、自分の力だけでは生きられない。人間は山にいても、下界にいても、大いなる自然の中で生かされている。どこにいても、それは変わらない。

両手をついて、深く頭を下げ、地面に頭をつけた。岩は温かく、岩のすきまから下を覗きこむと、今まで登ってきた自分のトレースが見えた。もうこれ以上登るところはない。僕はダウラギリの頂上にたどり着いた。

無線でベースキャンプの仲間に一刻も早く「無事登頂」を伝えたかった。これは、自分だけの登頂ではない。世界がつながっていることを感じてもらうために、中継を支えてくれた仲間と一緒にした登頂だ。

やはり登山は、一緒に感動できる仲間がいてこそ登頂の喜びが大きい。山と人の無機質な関係に「絆《きずな》」を作るのはまた「人」だ。

「こちら栗城。ＢＣ聞こえますか。ＢＣ聞こえますか。一四時ちょうどにダウラギリの山頂に着きました」

「おめでとう。逆境の中、よくがんばったね」

無線の奥から歓声が聞こえる。

「ありがとう」

それ以上でもそれ以下の言葉でもなかった。

感動にひたるのは一瞬。生きてこの感動をベースキャンプに持ち返ってこそ、「本当の登頂」だ。写真を数枚撮り、ダウラギリの山頂と仰向けに寝ている男性に別れを告げてから下山を始めた。


クロワールに体重を乗せると、登りのときよりも体が重くなっているように感じた。ヒマラヤでの事故の半分以上が、下山中だといわれている。山頂という夢に向かっているときは、一二〇パーセントの力が出る。だが、夢がかなってしまうと燃え尽きたかのように、安堵《あんど》感と夢を達成してしまった寂しさが、体や行動に表れる。

僕はここで終わりではない。まだエベレストがある。次の山を頭の中で描きはじめていた。結局、山頂にたどり着くことよりも、登りつづけること自体が楽しいのかもしれない。けっしてたどり着くことのないゴールを追い求めているかのように。

一歩一歩、崩れるようにして下りていく。思っていたよりも時間がかかる。日が落ちるまでにデス・ゾーンより下の六五〇〇メートルまで下りなければいけない。

南西のほうに巨大な積乱雲が見える。標高七〇〇〇メートル以上の山々をすっぽりと覆っており、さらに大きな黒い山がダウラギリを飲み込もうとしている。天候が悪くなるのはわかっていた。だが、早めに下りたくても足に力が入らない。

しばらく下りると、もうあきらめただろうと思っていたドイツ隊が見えた。軽く挨拶《あいさつ》をする程度で、彼らもこちらを見ている余裕がなかった。皆、生きるのに必死だ。

17時

ついに日は暮れて、また夜の極寒のヒマラヤに戻りはじめた。

風は冷たく、ガリガリに凍った雪面を下りていく。標高七五〇〇メートルにある僕のテントには、寝袋も食料も何もない。標高六七〇〇メートルのC2まで下りてこの夜を過ごせば、生きて帰れる。水分補給はできず、喉が渇ききり、痛い。とにかく水が欲しかった。少し休もうとすると、嘔吐《おうと》をしてしまった。

嘔吐をしたショックよりも、残り少ない体内の水分を外に出してしまったことを後悔してしまう。

真っ暗なルートの中でヘッドランプの明かりだけを頼りに下山していく。

氷の傾斜に一本のフィックスロープが垂れ下がっていた。僕の下りてきたところは間違っていなかった。この古くて細いロープが下山への道しるべだ。

下降を続けていくと、どこかの隊のテントに明かりがついているのが見えた。C2までそう遠くはない。もうすぐ水が飲めると考えた瞬間、アイゼンが滑り、前に転がるように転倒した。

体を起こすことができない。僕の体が、真っ暗な中、下に向かって落ちていくのがわかった。

滑落だ！　早く起きなくてはと思い、両手で体を起こそうとするが、何をやっても止まらない。

滑落を止めるピッケルは、転倒した反動で手から離れていた。スピードはどんどん加速し、頭を下にして落ちていく。このままいけば東面の氷壁に落ちる。早く止めなくては。だが、疲労しきった体に力が入らない。自分にこれから待っている運命を受け入れる覚悟も何もない。滑って起きられない。

気がつくと自分の体が、この暗闇の中、徐々にスピードを上げて落ちていくのがわかった。

この先は一〇〇〇メートル近くまで切れ落ち、そして巨大なクレバスがあるのがわかっていた。

ここで止めなくては命がない。最後の力を出し、両手と両足で止めようとした。そして、最後は顔面を氷の表面に突き刺し、体全身で止める。必死だった。

しかし、スピードはますます上がり、もう体にも力が入らない。

ただ流れに身を任せ、「せめて仰向けになりたい」それだけを思った。

あれだけ冷たかった氷が摩擦で熱く感じた。もう止めることはできない。

だが、これから起きることはまだ受け入れられない。まだやることがある。

やることが……そう思った瞬間。ズシンと首に重い重力を感じた。

暗闇の中、どちらが上でどちらが下なのかわからなくなっていた。

ただ、ヘッドランプでまわりを照らすと、黄色や赤の小さな旗が体に巻きついているのがわかった。わずか幅一・五メートルのタルチョ（祈り旗）だった。たまたま誰かが刺していたところにひっかかって助かったのだ。もし誰かがこの旗をここに立てていなければ、そして僕がこの一・五メートルのところに偶然落ちていなければ、僕はもういない。

僕はまだ生きている。

しばらくたった後に誰かが僕を呼んでいた。栗城隊のシェルパだった。

彼は標高五八〇〇メートルのC1にいる山岳カメラマンのサポートのはずが、上に上がってきていたのだ。ベースキャンプの仲間が、目が見えなくなった僕を気づかって、シェルパを向かわせてくれていたのだ。

起き上がり、顔のかすり傷を拭くとまた嘔吐を繰り返した。何も口にはできなかったが、少しずつよみがえってくるように感じていた。

次の朝、風のない静かなダウラギリを見た。昨日滑落したところを見ると、一〇〇メートル以上は落ちていたことがわかった。

そして、わずか幅一・五メートルのタルチョにひっかかって助かったことが、偶然ではないように思えた。

「まだ山で死んではいけない。僕にはまだやるべきことがたくさんある。エベレストという山がある。自分の限りある命を最大に使わなくては」そう思えた。

下山路、最後のヒマラヤの深い青い空を見つめていた。

この空も、また自分が戻る都会の雑踏の空も同じ空だ。同じ空の下で、どこにいても自分が光り輝かなくてはいけない。

そう諭すかのようにダウラギリは再び雲に覆われはじめていった。

第4章

見えない山を登る

夢をかなえる方法

お金もない。コネもない。あるのは夢だけ。誰もがそこから始まり、僕もそこからすべてが始まった。

まだまだ成長過程ではあるが、やるぞと決めたことは必ずかなえてきた。

しかし、どうしてお金もコネも何もない、まだ経験の浅い若い登山家が、たった一人で莫大《ばくだい》な資金を集め、そして登頂し、夢をかなえることができたのか。

僕は、エベレストで単独・無酸素登山をして冒険の共有をしたいという夢を持ってから、二年間ずっとあることをやってきていた。

それは、自分の夢をたくさんの人に語るということ。

これができるだけで、夢が実現する可能性は高い。逆にいえば、自分のやりたいことや夢、目標を口にできないということは、実現させられる可能性は低いということなのだと思う。

それはなぜかというと、夢や目標を口にすることによって、まわりに伝わって共鳴する。そうすると支援してくれる人や、そのとき自分が必要とする人が必ず現われてくれるのだ。


二年前から、講演会でも、友人にでも、とにかく「自分はエベレストに必ず登る。そして、インターネット中継をして、ヒマラヤの空を世界とつなげたい」と話していた。

はじめは、自分でもできるかできないかわからないことを口にするのは嫌だった。できなかったときにかっこ悪いし、嘘《うそ》つきだと思われたくもなかった。だが、今思うのだが、そんなことは関係ない。口にすることによって、夢の実現は向こうからやってくるのだ。

できれば、一日に十回、誰かに自分の夢や目標を語ってみよう。十回口にすることによって、漢字の成り立ちどおり、「叶《かな》う」になる。でも十一回以上言ってはいけない。なぜなら、「吐く」になってしまうから。
夢を語ることは、自分を変えるだけではなく、多くの人と出会い、支え合うツールにもなる。自分の夢に興味を持ち、共鳴してくれる人は必ずいるのだ。

夢は、自分一人でかなえることはできない。エベレストでのインターネット生中継も、僕一人の力で行うことはできない。そこには、酸素の薄いヒマラヤで二か月以上も一緒に戦ってくれる仲間が必要だ。そして、その前にそれを行うだけの資金を集めないとできない。だが、自分一人でやっていたのでは、かならず限界が来る。どれだけ応援してくれる人がいるかですべてが変わってくるのだ。

そして、悩みを聞いてくれる友人も必要だ。世界の山を単独で登ってきて思うのだが、人間はけっして一人では生きていけない。

僕は、語学が本当にダメだ。英語も話せないし、僕の行った六大陸で話されているスペイン語やロシア語、フランス語、アフリカのスワヒリ語、どの言語においても「アハン」と「ウフン」しか言えない。しかし、ただ山の名前を伝え、ここに行き、登りたいということさえ伝われば、必ず助けてくれる人がいるのだ。僕が世界をまわって、無事に空港から山のベースキャンプにたどり着き、登り、そして帰ってくることができたのは、たくさんの見知らぬ外国人が助けてくれたからだ。

そこから、人に助けを借りること、そして人を助けることが、国や言語に関係なく重要だと気づいた。

日本でももちろん同じである。夢を共有し、語り合える仲間がいるのは、本当に幸せなことだ。

ただ、一つ注意したいのは、人の夢は絶対に否定してはいけないということ。どんな夢であろうと「おまえは絶対に無理」と言われた瞬間に、希望が消えてしまうからだ。

腐れ縁というのがあるが、もし「無理だよね」と言い合っている人たちがいたら、そこからは離れたほうがいいと思う。今でも仲が続いている僕の友人たちは、けっして僕の夢を否定しなかった人だけが残っている。

もし自分の友人や子どもが自分のやりたいことや夢を語りはじめたら、絶対に否定するのではなく、信じてあげてほしい。

そして夢を語る大人が増えれば、日本は変わっていくと思う。

父が見せてくれた「夢を見る力」

「夢はかなうかなわないは関係ない。夢を持つことに意味がある」と、講演会では必ず言ってきた。それは講演を始めたばかりのころから、今も変わっていないメッセージだ。

山を登るようになってきて思うのは、山頂に着くことよりも、山に向けて切磋琢磨《せっさたくま》しながら成長していく自分が楽しいということ。実は、本当に大切なのはそこなのではないかなと思う。

夢を持つだけで、自分が前向きに生きられる。もちろん失敗や挫折《ざせつ》もあるだろうが、それはけっしてマイナスなことではないのだ。失敗は終わりではない。夢をあきらめ、歩みをなくした瞬間にすべてが終わるのだ。

生きることとは何か。

僕は、「希望（夢）を持ち、行動すること」だと思っている。

僕が小学校五年生のとき、それを感じさせてくれる体験をした。

僕の地元は人口六〇〇〇人の小さな町。あたりは自然が豊かで四季を感じることのできるすばらしいところだ。

僕の父は、そこで眼鏡屋を営んでいた。しかし父は変わった人で、その仕事を「副業だ」と言うのだ。では本業は何かというと、それは「町づくり」だと言うのだ。

町長でもなんでもない父だが、いつも「この町には温泉がない。温泉をつくって、じいさんとばあさんに喜んでもらいたい」と口にしていた。

それは、町に伝わるある伝説がきっかけだった。

町の中に利別川《としべつ》という川があって、そこの河川敷に、一か所だけなぜか冬でも雪が溶ける場所があったのだ。

昔からの伝説で、そこは温泉が出るのではないかと言われていた。

しかし、伝説はただの伝説。

本気で信じている人なんて、それまでいなかったと思う。けれども父は、ある日僕を冬の河川敷に連れていき、プラスチックの太いパイプを打ちはじめたのである。

町の人も、息子である僕でさえも、何をバカなことをやっているのかという目で見ていた。

埋蔵金掘りをしているような、そんな夢みたいな話があるわけないじゃないかと誰もが思っていた。

しかし、止める気にはなれなかった。なぜなら父の顔が、本当に楽しそうだったからである。

毎日、〝副業〟である眼鏡屋を誰かに任せ、自分はこつこつと温泉を掘っていた。温泉の掘り方を知っているわけでもなく、本当に出るという保証もないのに、たった一人で楽しそうに、小さな体で黙々とスコップをふるう父の姿は、だんだんとまわりの人の見方を変えていったのだ。


父の姿を見て一人、二人とそこに集まって、父を手伝う人が出てきた。

近所の人たちが「ドラム缶で温泉に入ろう会」というのを立ち上げて、徐々に輪が広がっていった。

夢を持っている人はやっぱり明るく輝いている。そしてそんな人がいると、まわりの人がみんな明るくなっていくという姿を初めて見た経験だった。

そして、五年間。

なんと最後には、本当に温泉が出たのだ！

普通ならとても入る気が起きない、泥水のような温泉にうれしそうに入る父の姿を見て、僕は衝撃とともに、父のように生きたいという憧《あこが》れの気持ちを抱いた。

それからは町の協力などもあって、本格的なボーリングで掘り出すことになった。小さな町が一つの夢を共有し、そして、温泉が出るその瞬間は、町中みんなが喜んでいた。

僕がそのときに思ったのは、夢を持つと人は明るくなり、元気になるということ。そして自分自身が変わりはじめると、まわりの人も明るくなるということだ。

一人ひとりが夢を持つことによって、自分を、家族を、友達を明るくし、さらには日本を明るくすることができる。自分が持つだけでいいのだ。

今ではその場所に「あったかランド」という温泉施設ができて、そこに観光地でもなんでもないのにホテルまで建ててしまう、夢のようなことをしている父親。

「夢を持っているだけで人を幸せにするし、自分自身も元気になる」ということを見せてもらった。

だからこそ僕は、夢を持ちつづけて、そこにチャレンジしていくことは大切だと胸を張って言えるし、自分もそんな生き方をしていきたいと強く思えるのだ。

夢はかなうかなわないは関係なく、持つことに意味がある。そして、支え合う仲間ができたとき、夢は必ずかなうのだ。

自分の使命とは何か

冒険の共有。それが僕の本当の狙いであり、夢である。

二〇〇七年から、毎週札幌から東京に通っている。今では、月に六日しか札幌の自宅に帰らないほどになってきた。大手ポータルサイトや大手広告代理店、スポンサー、テレビ局を毎日駆けまわっているのだ。

目的は、エベレストの山頂からインターネット生中継を行い、夢を達成する瞬間をたくさんの人と共有すること。企画、営業、制作、すべてを一人で始め、自ら作った企画書を持って、企業から企業へ走りまわり、たくさんの人と名刺交換をする。そして、チャンスがあれば必ずものにしてきた。


実は、僕の冒険は実際の「山」だけではない。

一つの山を登るためにも事前の準備が必要だ。自ら企画作りをして企業やメディアへ売り込み、スポンサーについてもらい、実行部隊のチームを編成して、企画を実現する。僕はそこに冒険にかけるうちの九割ぐらいの力を入れている。

一部の登山家を除いて、ほとんどの登山家はスポンサーへの営業をしない。だが、僕は企画を考え、世の中の人にも企業にも喜んでもらえるようなコンテンツを作るのが好きだ。

山での冒険もすばらしいが、下界での冒険でも、なかなか緊張感のある出来事が待っている。

僕が目指しているのは持続可能な冒険。

「何のために登山をするのか」。それを明確にして、企業との相互性を考えて、冒険のコンテンツを作る。社内での講演はもちろん、大手ポータルサイトの広告枠やテレビの枠も自ら買って、スポンサーに喜んでもらえる企画を作るのだ。ただやみくもに「エベレストに行くのはお金がかかるから、応援してください」というような営業はしない。

山もそうだが、企画・営業も真剣勝負だ。近江商人の言葉で「商売とは『売り手よし、買い手よし、世間よし』である」というものがある。僕もそう思っていて、どれか一つ欠けても、夢をかなえることはできない。シンプルで大切なこと。それを押さえておけば必ずかなえることができると信じている。

これは僕と同じ若い人につよく伝えたいことなのだが、夢は誰でもかなえることができる。それはけっして難しいことではない。やりたいことをやっていてもちゃんと生きていけるのだ。

僕の「冒険の共有」は莫大な資金を必要とするコンテンツだ。二〇〇九年のエベレストでのインターネット生中継はどのようにやっているかというと、まず僕が、重さ四キロの「ブースター」という映像の送信機を八〇〇〇メートルの地点まで持っていく。標高差がありすぎて、ベースキャンプまでその映像を直接送ることができないので、七〇〇〇メートルのノースコルと呼ばれる場所に栗城隊四名が待機しており、僕から送られてきた映像を受信する。そしてそれを次に六四〇〇メートルのベースキャンプに飛ばすのだ。

ノースコルの標高は七〇〇〇メートルなので、酸素濃度は地上の三分の一ほどである。もちろん普通に過ごすことはできない。しかし、通信のために五日間もいつづけることもあるので、担当の隊員は酸素ボンベを吸って待ちつづける。

ベースキャンプに送られた映像は衛星端末を使用してイギリスの中継基地に送られ、そこからさらに日本のポータルサイトに送られて、そこで初めてインターネット上に表示されてたくさんの人がリアルタイムで見ることができる。ヒマラヤの青い空を同じ時間に共有できることに僕も感動するし、見ている人たちからの「感動した」「ありがとう」という感想が僕のモチベーションになっている。

それだけ壮大な企画であるから、当然莫大なコストがかかる。中継スタッフの人件費、中継機材の使用料、衛星端末を使用するための通信費に、その企画をたくさんの人に伝えるための制作費。エベレストに登山遠征をするだけでも交通費や入山料などたくさんのお金がかかるけれど、それよりもはるかにこちらのほうが資金がかかる。

だが、僕は自分だけが単独・無酸素で登頂をすることに意義を感じられなくなっていた。僕は絶対に、ただ山に登るだけでなく「冒険の共有」をしたかった。

だから僕は、半年に一回のペースでヒマラヤの八〇〇〇メートル峰に通いつづけ、小さいながらも中継の技術と高所登山の経験を積み重ねていった。

だが、肝心のエベレストへの資金はなかなか集まらない。たくさんの人のご厚意で、講演会などを開いてもらい全国各地をまわるようになっていたが、それでもエベレストのインターネット中継の資金にはほど遠かった。

また、企画をポータルサイトに売り込みに行ったのだが、「おもしろそうだ」というだけで通るものではない。毎週、技術的な問題を話し合い、企画会議を行っていた。どんな苦労を重ねても、なんとか実現したかった。

企画もそうだが、スポンサー探しの営業も困難を極めていた。

まずはじめに企業の広報担当にアポなしで訪問し、一時間熱弁をふるう。

一〇〇社以上の企業に手紙を出したり、電話をしたりもした。なかにはオレオレ詐欺《さぎ》に間違えられたこともある。

だが、僕には自信があった。

断られてもいいのである。大切なのは、企業の人と知り合いになり、「お友達」になることだ。たくさんの方が、リュックを背負っていつも同じ服装でやってくる青年に、興味を持ってくれていた。そして、広報から「こんなやつがいますよ」という情報が常務に伝わり、そして常務からようやく社長に伝わるのである。

いよいよ社長さんとの面談。僕は自分のやってきたことと、これからやりたいことを話す。しかしほとんどの場合は「応援してあげたいけどごめんね」と断られる。しかし、それがチャンス到来なのだ。断られた僕が、そこで必ず言う言葉がある。

「では、お友達を紹介してください」

厳密には口にはしないのだが、なんとなくそういう感じを出すのである。すごい人のお友達はすごい人であるということが実は多い。社長さんのお友達はまた社長さんなのである。人と出会ってつながっていくことで、夢を形にすることができる。

そうして、僕は社長さんの紹介でまた社長さんに出会い、東京の街の中を走りまわるという、究極の営業方法を行っていた。

そして、つけられた名前が「わらしべ長者」ならぬ「わらしべ登山家」である。

わらしべ登山家

わらしべ登山家は毎日、各界で活躍する人たちに会いに行っている。山に登るトレーニングをほとんどすることもなく、休日でも、「冒険の共有」を行うために少しでもチャンスがあるならばと、呼ばれたり、何かを頼まれたりしたら断ることなくすべて行くようにしていた。
他の登山家から「よくそんなことを続けられるな」と言われたことがあるが、僕にとって街を走りまわるのは苦痛ではなかった。なぜなら、山にいるときだけが冒険かというと、けっしてそうではないからだ。

企業のトップの人たちは、登山家と同じように命をかけている。自分だけではなく社員の命も背負っている人たちだ。なかには、一度は会社が倒産しても、そこから這《は》い上がってきて成功しているという人たちもたくさんいるのだ。経営者だけでなく、誰もにいえることだが、生きていること自体が冒険なのだ。

僕にはその人たちから学ぶことがたくさんあった。僕が幸せなのは、ヒマラヤで自然の偉大さを学び、下界では人間学を学んで、そこで自分は今何をすべきなのかということを、自然と身につけることができたことだ。学びこそ最大の財産であると思う。

僕は、けっして人よりコミュニケーション能力が高いわけではない。口べただし、山のこと以外では、人前で話をするなんてこともできない。それでも社長さんたちは、僕を食事などに呼んでくれて、いろんなことを教えてくれた。どうしてこの人たちは僕を応援してくれるのだろうと、不思議に思ったこともあった。


おそらく、それは僕に「本気」と「無欲」があったからではないかと思う。

エベレスト生中継の資金は莫大で、どうしても必要だった。だが、僕は正直にいって、資金が集まるかどうかというのはあまり重要ではないと思っていた。それよりも、今目の前にいる人の話を熱心に聞いていた。

スポンサーになってくれることはとてもうれしいが、その前に、人として人を大切にすることのほうが重要だと思う。だから、社長さんと接しているときでも、実は僕は欲を持たない。厳密にいうと、無欲というよりは素直なのだ。

そうすることによって、みんな口にはしないが「こいつは本気だな」ときっと思ってくれているのだ。本当にありがたい。

そして、本当に大切なのは、各界で活躍する社長さんたちが何を僕に託したいのか、そのメッセージを受け取ることだった。

ある人が僕にこんなことを言ってくれた。

「山に逃避するなよ。山を通して人を知り、人を通して自分の使命とは何かを知りなさい」

その人は、大学の山岳部に所属していたとき、冬の雪山に行き一一人中一〇人が遭難するという事故で、たった一人だけ生き残った人だった。凍傷のせいで足を失うというハンディと仲間の遭難という現実を受け止めて、札幌で有名な建設コンサルティング会社を経営する社長になったのだ。

そんな人たちと出会うことによって、僕は「自分の使命とは何か」ということを考えるようになっていた。

この豊かな日本をつくってきた先輩の方々が僕に伝えたかったのは、「日本の若者に夢を持ってもらいたい。そして夢にチャレンジして明るい日本をつくってもらいたい。それは若い人でなければいけない」というメッセージではないか。そのことを、僕に若い人からの目線で伝えてほしいという思いがあったのだろう。

僕の使命。それはエベレストから夢が実現する瞬間をたくさんの人に伝えること。

夢を志に変える

夢を持つと自分自身が変わり、まわりを変え、さらには日本や世界までも明るい方向へ変えていくことができると信じている。

今でこそ、こんなことを言っているが、僕は高校を卒業したあと、夢や目標などない一年間を過ごしていた。ましてや山登りに興味はまったくなかったし、「エベレストから冒険の共有をしたい」と思うようになったのも、ここ最近の話だ。

子どものころは、「ウルトラマンになりたい」などの無限の可能性を本当に信じていたと思う。しかし、大人になるにつれて徐々に「理想」と「現実」のギャップに翻弄され、夢は夢のままで終わるのが当たり前だと思うようになってしまうのだ。

だが、それに負けてはいけない。夢を語れる大人が日本を変えると、僕は本気で考えている。

夢には二種類ある。それは、かなう夢とかなわない夢だ。そしてそれには法則があって、かなう夢は必ず世のため人のためを考えていて、たくさんの人たちが支えてくれる。逆に、自分の欲望を満たすだけの夢を持っても、誰も応援してくれることがなく、いつしかそんな自分を嫌いになってしまって、かなわなくなってしまうと思っている。

そして、夢をかなえるために必要なのは、夢を志に変えること。つまり、世のため人のために自分の命を果たす覚悟を持つことだ。

僕が命をかけてでもエベレストからのインターネット中継をやりたいのは、自分と同じようにたくさんの人が持っている「不可能という心の壁」を取っ払いたいからだ。

できないと思ってやめてしまったら絶対にできないけれど、それは自分の心が決めているだけで、本当はやってみたらできるということが、絶対に多いのだと思う。それを伝えたいから、僕はエベレストを目指し、毎日走りまわって、実現に向けて動いているのだ。

そう考えて行動するようになってから、環境がどんどんいい方向に変わり、出会う人も多くなってきた。そして、そこに「必ずやる」という信念ができるようになり、「必ずやり遂げられる」という大きな自信が持てるようになってきたのだ。

最近では、いろいろなところに講演に呼んでもらうことが多くなってきている。

それも最初から数が多かったわけではないのだが、「講演をすることで、山で学んだことを人に伝えて、元気になってもらいたい」と思って話すようになってから自然と口コミで広がり、今では全国をまわらせてもらえるようになってきた。おかげさまで充実した毎日を過ごすことができていると思う。

夢は自分とまわりを明るくし、志は世界をよい方向にもっていく。

極限の困難を乗り越えた「登頂」はもちろんうれしいが、その感動を共有できる人がいたら、その喜びは何倍にもなるのだ。

一歩を踏み出す勇気

何のために山を登るのか。

山を目指す人、それぞれにとって答えは違うと思う。人類で初めてエベレストに挑戦しエベレストで亡くなったジョージ・マロリーは「そこに山があるから」と答え、エベレストに世界初登頂を果たしたエドモンド・ヒラリーは、「楽しいから」と答えた。

僕は「なぜ山に登るのか」と聞かれたら、「希望を持ちつづけるため」と答える。だから僕は山に行かないと希望を見失い死んでしまう生物かもしれない。

では何のためにエベレストでインターネット生中継をしながら山を登るのか。そこには強い使命感がある。

二〇〇七年の春。

僕は、スポンサーを探すために久しぶりの東京に足を踏み入れた。僕にとって、かつての東京での生活は暗い思い出だった。「もう東京には戻らない」そう思っていたのに、まさか山を登っていたら再び東京に戻ってくることになるなんて、思ってもみなかった。

エベレストは標高八八四八メートルもある。同じ最高峰とはいっても、他の六大陸の山とは格が違う。六大陸の最高峰だけを登って、いきなり単独・無酸素でエベレストに挑むのはあまりにも無謀だ。まずは、ヒマラヤの標高八〇〇〇メートルの世界を知る必要があった。

行ったことのないヒマラヤ。憧れつづけたヒマラヤ。

そこに酸素ボンベなしで登ると、体にどんな症状が出るのか。他の六大陸の最高峰とは違い、一人きりで山に登っている期間も長い。

僕は、八〇〇〇メートル峰の中でも初心者向きの山、チョ・オユー（八二〇一メートル）を登ることを計画していた。

東京で営業活動をしている中で、日本テレビの有名プロデューサーに出会った。金髪で、どこかで見たことがある人だった。たまたま、社員食堂で近くの席に座っただけだったのだが、その数日後に突然連絡が来たのだ。

「ヒマラヤから動画を送ってくれないか。相方向のリアルドキュメントをやろう」

日本テレビには「第2日本テレビ」という、インターネットサイトがある。そこで僕のチョ・オユー登山の動画を、毎日配信するという企画だった。

僕は、七大陸最高峰の中で四番目に挑戦したキリマンジャロ（五八九五メートル）のころから、山に衛星端末を持っていき、動画まではいわないが、ブログの更新にトライしていた。

冒険家や登山家は、誰もが体験できるわけではないすばらしい体験を、ドキュメント番組や活字などで伝えようとしているが、なかなかその核心部分を伝えるのは難しい。

それは、テレビや活字に触れるときにはすでに、結果がわかっているからだ。長い時間をかけて、登頂できるのかできないのか、「今」という緊張感を同じ時間軸で共有することで、本当の「登山とは何か」が伝わる。つまり登山では、結果ではなく過程に本当の意味があるのだ。

このチョ・オユーの遠征から、動画配信や撮影のための隊員が本格的に必要になってきた。それまでの僕の遠征は、千歳《ちとせ》空港から一人で出発して一人で帰ってくるというものだったが、ベースキャンプに少人数の「栗城隊」ができるようになっていった。

そのときの企画のタイトルは「ニートのアルピニスト初めてのヒマラヤ」。昔、とある新聞に「就職しているの?」と聞かれ、「していない」と答えたところ、翌日の新聞に「登るニート現れる」という見出しが出ていた。

その影響なのか、「ニートのアルピニスト」と呼ばれていたのだ。「ニート」とうたわれているだけあって、僕のところには、その動画を見たたくさんのニートやひきこもりの人たちからメッセージが来ていた。

だが、彼らからのメッセージはけっして、いいものばかりではなかった。「君は登れないと思う」「テレビのやらせだね。無理だな」……「死んでしまえ」と書かれたこともある。彼らは、僕には登れないと思っていたのだろう。

実は僕も少し、そう思っていた。チョ・オユーの遠征は困難だった。初めてのヒマラヤということもあり、高山病一つとっても六大陸の最高峰で経験したものとはあまりにもスケールが違っていた。初回のアタックでは、山頂のプラットホームまで到達していたが、本当に頂上の目前で、悪天候のため断念。ベースキャンプでは「もう栗城は無理だろう」という声までが聞こえてきていた。

だが、僕はその三日後に再びベースキャンプから登山を開始して、悪天候の中、山頂に到達したのだ。

そして下山後、ニートや引きこもりの人たちからのメッセージを読んだ。

そこに書かれていたのは「ありがとう」という言葉だけ。僕は涙が出そうだった。「登頂おめでとう」などのコメントが多い中、彼らからのメッセージは、短く「ありがとう」だった。

考えてみると、僕も高校卒業後に東京で日の当たらない生活をしていた。夢も希望も持っていないフリーター・ニートそして引きこもり生活。でも、ニートでも引きこもりでも、そのままでいいと思っている人はいない。誰もが自分の殻を破り、一歩踏み出し、自分が生まれてきたこの命を思いっきり何かに使いたいと思っているはずだ。

冒険家や登山家の本当の使命は、記録をつくることではなく、やはり人に勇気と感動を伝えることではないのかなと思う。一〇〇メートル走でも、昔は一〇秒の壁は越えられないと思われていたが、一人がそれを破ることによって、続々と一〇秒を切る記録が出てきた。

エベレスト単独・無酸素登山も、「無理だ」「無謀だ」と思っている人たちの心の壁をぶち破りたい、そう思ってやっているのだ。

そのためには、ただ登るだけではなく、ヒマラヤの時間や空気、その壮大な孤高の世界を共有する必要があった。

生きることは、冒険である。

挑戦しても、後悔しても、挑戦しないで後悔しても、必ずリスクがある。

僕は「冒険の共有」をすることによって、誰かの一歩踏み出す勇気になりたいのだ。

第5章

空のように青く、宇宙のような無限の心を描く

頂上を目指す理由《わけ》

人は何のために山頂に向かうのだろう。

それは、山を登ったことのある人ならわかるかもしれない。

登りは本当につらい。特にヒマラヤの八〇〇〇メートル峰では、心臓が止まってしまうのではないかと思うほどの息苦しさ、寒さ、そして覆いかぶさるような精神的な圧迫感がある。

しかし一か月以上にもわたる長い遠征をしながら、ようやく山頂が目の前に見えて「登れる」とわかった瞬間、今までの苦しい思い出やつらかったことすべてが、胸からあふれ出て涙に変わる。まぶたについた涙は、すぐに氷に変わり落ちていく。山頂は、それまでの苦しみがすべて喜びに変わるところなのだ。

その感覚を知ってしまうと、山から離れられなくなる。苦しければ苦しいほど、それは大きな喜びに変わるからだ。

エベレストに挑戦し、登頂することができずに、五回六回とチャレンジしつづける人がいる。なぜ、彼らは登れなかった山に何度もチャレンジするのだろう。

それは、登れないということは「登りの苦しみ」がずっと続いているからだ。

「なぜ、自分は登れなかったのだろう」そう思いつづけ、エベレストのことが頭から離れることはないのだと思う。登り終えて初めて、それまでの苦労から解放されるのだ。

だからこそ、山頂が必要なのだ。苦しみを喜びに変えるために。

山頂までは長く苦しい。そして、その苦しみからようやく解放される場所。そこにたどり着き、今までの苦しみや思い出が走馬灯のように駆けめぐる。

そして、山頂からの写真を数枚撮って下山をしようとすると、登りのときとは違い、膝《ひざ》に力が入らない。さっきまであった緊張感が途切れ、ベースキャンプが途方もなく遠く感じる。

エベレストの事故の七割は、下山中だといわれている。実は山登りでは、上りよりも下りが危険なのだ。技術的な問題ではない。すべて精神的な問題だ。

「燃え尽き症候群」という言葉がある。

たとえばオリンピックを目指していた選手が目標を達成した瞬間、そこで燃え尽きてしまったかのように体に力が入らなくなるのである。

それは、経営者や受験生など、何かに挑戦したことがある人なら、必ず経験したことがあることだと思う。

そして、ヒマラヤではその燃え尽きた瞬間が最も危険である。山頂で感動すればするほど危険なのだ。だから山頂でも燃え尽きることがないように、冷静な自分も持ちつづけなければいけない。

本当の登頂とは、生きて帰ることなのだ。

エベレストでの事故が多いのは、登頂をした瞬間に、次なる目標を設定するのが難しいからだ。エベレストを登る人は、自分のすべてをかけて、そこにやってくる。そんな人が登頂に成功すると、「もう、これで最後なのかな」とふと思ってしまうことがある。この思いが危険なのだ。


僕はマッキンリーに出発する前に、アルパインクライミングの第一線で活躍する人から手紙をもらったことがある。そこには、「生きていればまた次の山にいける」と書かれていた。

僕の夢も、エベレストの山頂で終わりではないのだ。生きて帰ってこそ成功だし、それからまた次の山に向けてチャレンジしつづける人が、真の成功者なのだと思っている。

そのためには生きていないといけないのだ。生きていないと。

執着をしない

登山をしているときの、大きな課題がある。

それは「執着を捨てる」ということだ。

今までの話と矛盾しているようだが、誤解しないでほしい。夢を実現させたいと思うことはすばらしい。だが山に入ってからは、その思いをいかになくすかが重要なのだ。「自分の力で登り、夢をかなえるぞ」という強い思いには、必ず限界がやってくる。山頂に着くか着かないかは、山の神様にお任せしますというぐらいがちょうどいい。山は、自分の力だけで登ることはできない。天候の悪化、突発的な雪崩《なだれ》など、自分の力ではどうしようもないことがたくさん起こる。その山からのメッセージを、きちんと受けとらなくてはいけない。

人間は、自然を征服しようとするものだが、僕は一度もそう思ったことはない。僕は、山とお友達になり、山に生かされ、山で生きていたい。

これは今まで単独で登り、山を感じてきたからそう思うのだろう。「執着」をすると大切なことが見えなくなる。山ではいつもこの執着との戦いなのだ。

僕は本当に「普通の人」だ。筋肉も普通だし、登山の経験が豊富にあるわけでもない。

でも、これは性質なのかもしれないけれど、追い詰められれば追い詰められるほど、それが力になるのだ。だから僕は山登りなんてことに挑戦して、成功することができているのだと思うのだ。

でも、この追い詰められるほど力になる、つまりプレッシャーを利用する力というのは、実は誰もが持っているものだと思う。そして、その苦しみを楽しもうとする心のスイッチを入れられるかどうかなのだ。

その心のスイッチは、どうやって入れたらいいのか。それには、魔法の呪《じゅ》文《もん》がある。

それは、「これでいいのだ」という言葉。

苦しいことも、不安なことも、すべてあるがままを受け入れること。それに向かって強くなるとか、自分に嘘《うそ》をついてまで苦しいことを楽しいと思う必要もない。

登山のイメージというと、つらくて苦しくて、それをいかに克服するかという感じが強いと思う。僕も、自分で始めるまではそう思っていた。

つらさに負けてしまうような弱い自分を克服し、打ち勝つことで初めて登れるのではないかと思っていた。

でも、それはたぶん間違いで、人間が本当に力を発揮できるときというのは、すべてを受け入れられたときなのではないかと思う。

不安も、苦しみも、いろんな気持ちも。何がいいとか悪いとかがまったくなくて、とにかくすべてがいいんだということ。執着せずに、これでいいのだと思うこと。

その感覚になれたら、すんなりといい状態になり、なにか、よいベルトコンベアのようなものに乗せられて、ゴロゴロ、ゴロゴロと夢がかなう場所まで連れていってくれるような感じになる。

当然、人間だから怖いとか、不安とか、緊張とか、そんな気持ちが走馬灯のように出てくる。

それをいかにゼロにするか。ただ、それだけなのだ。

ゼロにする作業のためには、対峙《たいじ》しないことがすごく大事だと思う。

克服して、打ち勝っていこうと思うとすごくパワーがいるし、いつかそれを受け止めきれなくなって、壊れてしまうのだ。

だから、そうではなくて、あるがままを受け入れてしまえばいい。怖いという気持ちがある自分や、一歩踏み出すことをためらってしまう自分も含めて、すべてを受け入れてしまう。

何かがうまくいくときというのは、すべてを受け入れているときなのだ。

それをたとえていうなら、心のど真ん中にある状態かもしれない。

マイナスの気持ちも、プラスの気持ちも全部がオッケーだというとき、心が一つの丸いかたまりだとすると、その真ん中にある無の状態のようなところに、いつでも気持ちを持ってきておくこと。

たとえば、心の右側がポジティブさで、左側がネガティブさだとすると、そのどちらかだけを見ているのではなくて、全部を広く肯定的にとらえる広い目線を持つことだと思うのだ。

人間は、どちらかというとポジティブさのほうだけを見ようとしてしまう。「できる」とか「がんばらなくちゃいけない」と思い詰めてしまうほうが多い。もちろんそれは間違いではないけれど、ある方向だけに執着してしまうのではなく、すべてを受け入れることによって、自分がど真ん中に来るようにする。

執着をしないとは、すべてをなくすことではなく、すべてに満たされることである。

苦しみを喜びに変える

「苦しみにありがとう」

僕は本気でそう思いながら山を登っている。苦しければ苦しいときほど、出てくる言葉だ。これは山と対話を繰り返しながら単独で登ってきたから、そう思うようになったのかもしれない。

僕の体はけっして大きくはない。それでも山に登ってこられているのは、根性が強いわけでもなく、人一倍征服欲が強いわけでもない。

酸素が入ってこないときは本当につらい。頭も重く、呼吸するのがやっとだ。でもそれから逃げるわけにもいかないし、立ち向かってもダメ。すべては受け入れることから始まる。苦しみを受け入れたほうが体に力が入るのだ。

エベレスト遠征から帰国した後、テレビの企画で「栗城の体を調べてみよう」という試みがあった。僕は自分の体にすごいところはないと思っているし、ふだんも筋力トレーニングなどはしていないので、実験をするのは嫌だった。それでも、自分の体がどうなっているのかには興味がある。

測定は、「今、自分は無酸素で山を登っているんじゃないか」と思うくらいつらいものだった。体にいろいろな測定器を取りつけ、マスクをつける。息がもれないようにと頭に固定したマスクだ。当然、息が苦しい。

背中には重さ一〇キロの荷物を担ぎ、山に見立てた傾斜の強いベルトコンベアが動き出す。しかもそのベルトコンベアを上りながら、指から血液を採取する。何度も何度も指に針を刺す。僕は注射が大嫌いで、しかも先端恐怖症なのに、血液を四〇回以上とられた。おかげで指は紫色になり、パンパンにはれていた。

測定が終わった後、先生が「すごいことがわかりました」と言って、僕に資料を見せてくれた。

「腕力、脚力、肺活量、すべて平均以下です」

ズッコケそうだった。あれだけ苦労した測定だったのに……。

だが、僕には他のアスリートとは違う、特別な能力があるそうだ。

それは呼吸も心拍数も一定にできるということだ。普通、肉体に負荷がかかればかかるほど、呼吸と心拍数が上がる。だが、僕にはそれを一定に保とうとする力があるというのだ。

さらに驚いたのは、疲れると乳酸値が下がるということだ。普通は筋肉が疲れると乳酸がたまるそうなのだが、僕の場合は、ある一定のところを越えると、体が乳酸値を下げようとするそうなのだ。

しかもそれは生まれつきの体でそうしているのではなく、意識してコントロールしようとしているのだ、と先生はていねいに説明をしてくれた。

測定をしている間、僕の頭は、ひたすらこの苦しい状況を受け入れようとしていた。

ヒマラヤの八〇〇〇メートル峰でも、苦しければ苦しいほど出る言葉がある。それは「ありがとう」だった。

一歩が出ないほどつらいとき、「ありがとう」と口にすることによって一歩が出る。

逆に、山に対して「ちくしょう」とか「負けないぞ」というような気持ちを持ってしまうと、力は出ない。山に対峙してはいけないのである。

苦しみも不安もすべては自然の一部であり、僕らはその自然の中の一部である。苦しみを受け入れ、そして感謝する。「ありがとう」は、困難な時代を乗り越える力のある言葉かもしれない。

祈りとは

山に登るときには、必ず「プジャ」というお祈りの儀式をする。まず石塔を作り、赤や青、緑、黄色、白の色とりどりの旗に教典が書いてある「タルチョ」を四方に渡す。そこでお坊さんがお祈りをしてくださるのだ。現地スタッフのシェルパたちの中には、これを行う前には山には入らない、という人もいるそうだ。

そこでも僕は、「成功させてください、登らせてください」というようなお願いはしない。お願いはしないほうがいいのだと思う。

山は、「こうしてほしい」「ああしてほしい」というお願いや欲ではなくて、今、生きていることや自然に生かされていることに気づいてほしいと願っているのではないかと思う。

この世の中には、何か「○○を生かそう」という大きなパワーがあるのではないかと思う。人はそれを神様と呼ぶのかもしれないけれど、それはポジティブとかネガティブとかどこか一部分だけではなくて、すべてがオッケーなんだよ、と伝えたいのではないのかなと思う。

そう思うことによって、物事がうまくいって、その人の進むべき道を教えてくれる。

だから、それに気づいて感謝ができている人は、山でも下界でも強い。僕もそう思うことで、いろんなことがうまくいくようになった気がする。


山頂にたどり着かせてもらえたとき、僕はいつも地面に額をつけて祈りを捧《ささ》げる。

ただただ感謝を繰り返す心を、八〇〇〇メートルから世界中に飛ばしているような気持ちになる。

僕は宗教家ではないし、ただの若造だけれど、それでもそこから祈ることが、世界を変える小さな一歩である気がしてならない。


だから、世界の一番高いところから、僕は祈る。

そして、その祈りの中で気がついた。同じ青い空の下で、たとえどこにいたとしても、自分がどれだけ光り輝けるのかを試されている。自分の命を燃やして、何を成し遂げられるのかを試されているのだ。

どんな困難があったとしても、とにかく挑戦していくことで、自分は研《みが》かれ、光は増していく。そして、困難という闇《やみ》は濃ければ濃いほど光は輝く。

そしてその夢がかなったとき、闇の中で自分が最高に輝ける瞬間が来るのだと思う。

冒険家の役割

「冒険家の役割って、何だと思いますか？」

世界最高齢でエベレスト登頂を果たした冒険家・プロスキーヤーの三浦雄《みうらゆう》一郎《いちろう》さんと対談をさせていただいたとき、こんな話が出た。

僕たちは命をかけて山に登っていて、それはときに「冒険」とも呼ばれる。

しかし、たくさんの人にとっては、なぜそんなことをわざわざやるのか？

と、アホみたいに見えることもあると思う。

でも、三浦さんは、冒険は人類にとってすごく大切だと思う、とおっしゃっていた。

人間の祖先にも、木の上で生活していた時代があった。木の上にいれば安全だけれど、木の実など手に入る食料はそのうち底をつくし、木から下りて誰かが開拓をしなければいけない時が来る。

けれども、地上の世界には猛獣がいたり、今まで知らなかったような危険がたくさんあったりする。そのリスクを冒してまで地上に降りたいと思うことは、もしかしたら少なかったかもしれない。

でも、今この時代に火があったりお米が食べられたりするのは、誰かが木を降りて開拓をしたからなのだ。

誰かが勇気を持って、地上に一歩を踏み出さないといけない。人類というのは、必ず進化していかなければいけないから、誰かが、誰も踏み出さない一歩を、踏み出さなければいけない。

そして、それを見ている人たちの可能性を広げていくこと。

「自分にもできるかもしれない」

「あっちには、もっと希望の世界があるかもしれない」

そう思ってもらい、一歩踏み出すための背中を押してあげること。

それが、冒険家の役割なのだ。


誰もが、生きている中で冒険をしていると思う。

毎日学校に行ったり、働いたりしている中で、誰もが何かを越えなければならない事態に直面する。受験や就職などの大きいこともそうだし、ちょっと苦手なことをやるとか、人前でプレゼンをするとか、そういうことも冒険なのだと思う。


そんなとき、誰かが少し目の前のことに立ちすくんでしまうときに、僕たちの挑戦が、誰かの可能性を広げる手助けになればいいなと思っている。

あんなお兄ちゃんだってできたんだから、僕もやってみよう。そんなふうに思ってくれる人が一人でも増えたら、僕が命をかけて山を登っている意味があるんじゃないかなと思う。

当たり前の生活に感謝する

僕は幸せ者だ。なぜなら生きているからだ。

しかも、山を登り人に元気を伝えていくというお役目までいただいている。

誰かと比べることもないが、自分は本当に幸せ者だと思っている。

何をもって「幸せ」というのかは、人それぞれ違う。僕にも何をもって幸せというのかはわからない。だが、自分は幸せだなあと思い、日々の生活に感謝できるようになると次々といいことが起こるし、自分自身が変わり、本当に幸せな人生を過ごせるのではないかと思う。

僕はそれを、山から教わってきた。六大陸の最高峰でも、ヒマラヤの八〇〇〇メートル峰でもエベレストでも共通して思うことがある。

それは、当たり前に思える日常の生活が、いかに尊く、ありがたいことなのかである。

ヒマラヤは、ないものだらけの世界だ。もちろん、もともと人間が住むことのできない世界であるから、水もなく、食事もなく、親しく話ができる人もいない。

水を飲むだけでも、氷河の氷を三〇分以上かけて溶かさなければならないし、食べたいものがお腹いっぱい食べられるわけでもない。友人と携帯でメールをするなんてもってのほかで、唯一、無線機だけが人とのコミュニケーションツールになる。

ヒマラヤで、そんな生活を一か月以上もしていていつも思うことは、当たり前に思える毎日の生活が、当たり前ではないということ。

山に登るということは、帰るべきところのありがたさを再認識することだ。

人は、孤高の山で一人で生きていくことはできない。やはり人間は土の上でないと生きられない。山に登るからこそ、僕は土の上の生活の大切さを知っている。そして、人間は生かされて生きていることを感じるのだ。たまにそれを忘れてしまう人もいるが、あなたのいる世界は本当にすばらしい。だからこそ、僕は自分を幸せ者だと言えるのだ。そして、そう感じることによって、山でも土の上でも、充実した人生を送ることができるのだと思っている。

無限の世界を心に描く

心の中で描きつづけている景色がある。空のように青く、宇宙のような無限の世界。

マッキンリーを単独登頂してから今まで、その景色は少しも変わることもなく、その景色に近づくかのように山を登り、標高を上げてきた。

夢を持ち、自分と社会に葛藤《かっとう》し、悩み苦しむ。だが、それはすべて下界で起こっていること。悩みのすべては下界で起きており、そこで悩み、あきらめてしまう必要はない。

夢を持ち、空を見上げると多くの雲がある。そこではときには雨が降り、嵐になることもある。それを見て「もうやめようかな」と思ってしまう人がいるが、そこであきらめてしまわないでほしい。

その雲の上を想像してもらいたい。

雲の上は必ず快晴無風の青い空が広がっている。空はどこまでも広がり、そして、深く大きい。さらに、その空の向こうには、無数の星々が広がり、宇宙が広がっている。振り向くと青い地球だけが見えていて、気がつくと自分が悩んでいたところは小さく、気にすることではないのではないかと思えるのだ。

僕はいつもこの景色を心の中で描いていた。

それは想像の世界ではない。すべて現実にある世界なのだ。

だから、僕はこの地上での小さな悩みに翻弄されることはない。なぜなら自分の心は空の上、無限の世界に向かっているからだ。

皆さんにも想像してもらいたい。

空のように青く、宇宙のような無限な世界。

地球もこの自分の命も、すべてはここから始まり、そしてここにかえっていく。

第6章

エベレスト単独・無酸素登頂へ

世界最高峰　エベレスト（八八四八メートル）

もうどれだけ登ってきたのだろう。七〇〇〇メートル級の山々が小さく見える。孤高の風は冷たかった。突き刺さるような風に当たるだけで体力が奪われる。だが、けっしてこの世界から地上に降りたいとは思わない。太陽は暖かく、そして自分の体が熱く燃えている。今、僕はこの空の下で生きている。

昨日の夜は、あまり寝ることができなかった。緊張というより、不安のほうが大きい。

いつもなら、この暖かいベースキャンプからみんなとお別れして出発する瞬間には「不安」というものはない状態まで自分を高めていく。だが今回のエベレストは、山の高さだけでは測れない、目には見えない圧迫感がある。

はたしてこんな状態で登ることができるのだろうか。これまでのベースキャンプでの五日間の休養は、休養ではなかった。一〇〇パーセント山に集中しなくてはと思っていても、常にあの問題が頭から離れない。二〇〇九年九月二〇日。登頂予定日までの残り四日間であの問題は解決できるのだろうか。

一週間前、チベット登山協会から、インターネットによる生中継の中止勧告が来た。

一〇月一日が中華人民共和国の建国六〇周年にあたり、北京で大々的に国慶節という式典を行う。そのため、チベットでの暴動や混乱が起きないように、何を言うかもわからないインターネット生中継は中止しなさいということだった。僕は政治的なメッセージを伝えたいのではない。ただ、夢を共有したいだけだ。しかしチベット自治区は厳重な警備態勢をとっており、思っていたよりも状況は厳しかった。

エベレストはネパールと中国チベット自治区の国境沿いにあたり、政治的に難しい地域だ。数年前からチベットの動乱などにより、人権問題を訴えるヨーロッパ人の登山家が捕まったりもしており、動画の配信などには敏感なところだ。

今回は、六四〇〇メートルまでチベット登山協会の監視員が上がってきて、僕らのキャンプの監視を続けていた。

仲のいいチベットのガイドが僕にこう言った。

「もし言うことを聞かないのであればあなたは逮捕されます」

栗城隊の中継隊員や、ベースキャンプで待機しているシェルパなどに動揺が見えた。僕が捕まるだけならいいが、彼らに迷惑をかけるわけにはいかなかった。

なんとか状況を打開しようと、日本の外務省や関係各所と衛星電話でやりとりをする毎日だった。

中継を強行するのか、それともエベレスト登山だけを目標にするのか。

ベースキャンプで栗城隊の副隊長として無線のやりとりをしてくれている森下亮太郎《もりしたりょうたろう》さんは、「そろそろ中継をあきらめて、山に集中したほうがいい」と僕をなだめた。

森下さんは、僕がもっとも信頼を寄せている山岳ガイドだ。僕が所属した山岳部と同じ大学のワンダーフォーゲル部にいて、僕に山を教えてくれた〝主将〟に山を教えた先輩である。七〇〇〇メートル級の未踏峰、テンギラギタウ（六九四三メートル）に初登頂した経験も持つ実力者だ。

森下さんはときどき、「そんなに中継は必要なのか」と言う。

生中継を実現するには重さ四キロの送信機を担いで登らないといけない。八〇〇〇メートル以上では、酸素量は地上の三分の一になる。たった電池一本、トイレットペーパーの芯《しん》だけでも重いと感じる環境だ。そんななか、普通は無駄なものは持っていけない。それが命取りになることすらある、厳しい世界だ。重さ四キロの送信機を持っていくのは、ただでさえ難しいエベレスト単独・無酸素登頂の成功確率を下げることにつながる。

しかし、僕はそれをわかったうえで、どうしてもやりたかった。もしかするとそれは執着なのかもしれない。だが、僕の使命は「夢を伝える」ことなのだ。これをなくして、僕の登山はありえない。

最後の最後まで中継ができるように模索しつづけた。

だが、時間の制約がある。天気予報では、登頂予定日である九月二五日のすぐあと、二七日にモンスーンが明ける。つまり、それは僕の登山の終わりを告げることになる。

モンスーンの時期は気圧が高く、酸素が濃い。ヒマラヤのモンスーン期は雪が多いが、気圧は高く、酸素が濃い。エベレストは標高八八四八メートルだが、その標高が、体感にして八五〇〇メートルくらいまで下がる。普通なら不可能だといわれているエベレスト無酸素登頂をするためには、その細かい気圧の変化を読んで登らなくてはいけない。まさに神業《かみわざ》だ。

エベレストの登山に適した時期は、春と秋。ほとんどの登山隊は、天候が比較的安定している春に登る。秋も天候は安定しているが、雪が多く、また日照時間も短くなっていくため、冬が近づいてくるという精神的な圧迫感があり、余裕がなくなってくるのだ。そのため、秋の登山者はほとんどいない。しかし、登山隊の多い春よりも、登山隊の少ない秋のほうがよりいっそう「山」を感じることができる。そう思い、秋の挑戦を決めた。

案の定、秋の登山隊は僕の隊一つだけだった。誰かほかの隊がいると、それだけで安心してしまう。だが、それがないということは、エベレストの「未知」への不安も緊張もすべて受け止められる。

「単独」とは孤独なのではない。その未知の世界と一体化することだ。

エベレストと僕、一対一の関係だ。

時間の余裕はなかった。二七日を越えると気圧が一気に下がってくる。そうなると「無酸素」での登頂は厳しくなる。しかし酸素ボンベを使ってまで登りたくはない。登るのであれば今しかない。

生中継ができるという少ない可能性を信じて、僕は登ることにした。

出発前夜のベースキャンプ。僕は一人、テントの中で考えつづけた。山を登るためには、一切の迷いは許されない。自分が心から登りたいと思い、完全に集中できる状態をつくらなければいけなかった。あれだけ登りたかった山が、とても冷たく感じていた。

一人テントの外に出て、星を眺める。星々がきれいだった。こんなに星を近く感じることができるところにいる。そして、僕の夢が目の前に見える。僕は幸せ者だ。山を楽しもう。すべてを受け入れて。

食堂テントの中、他の隊員と一緒の食事が終わっても、会話が少ない。みんな、僕が中継のできない状況をどうにかしようとして、登ることへの集中力が下がってきているのを感じていたのだ。「こんな状態で登れるのか……」そう思っていたのだろう。

日本から持ってきた珍味やお菓子が大量にテーブルの上にある。ふだん当たり前のように食べているものが、ヒマラヤでは当たり前じゃない。そのため、いつものおつまみやお菓子がおいしく感じる。だが、今はそれがおいしく感じられない。

三度も僕のヒマラヤ遠征を支えてくれている石井カメラマンから僕に注射器を渡してきた。

「何かあったらこれを刺してください」

「どこに刺せばいいのですか?」

「どこでもいいです」

それは、脳浮腫《のうふしゅ》になったときに刺す注射だった。脳浮腫には一度なったことがあるが、前兆に幻覚や幻聴があったり、何を言っているのかわからなくなったりしてしまう。そのときに刺す注射なのだが、僕が一人で幻覚を見はじめたときに、はたして冷静に刺すことができるのだろうか。

9月20日　7時半　快晴の空

いよいよエベレストの山頂に向けて出発をする。祈りの塔のプジャに三度頭をつけ、祈りを捧《ささ》げた。「無事に帰れますように」。ここまで一緒にやってきてくれた隊員とシェルパに握手をして別れを告げる。迷いがないと言ったら嘘《うそ》になるが、僕のやるべきことは一つだけ。単独・無酸素で登頂し、そして無事に帰る。

目の前のエベレストが大きな壁に見えてきた。もう山ではなく、巨大な壁そのものだった。これまでにもいろんな壁を乗り越えてきていたが、こんなに大きな壁は見たことがない。でもその壁はけっして冷たくはない。自分と同じように体温を感じる。これがエベレストというものなのだろう。

この目の前の大きな壁を乗り越えてみたい。成功や失敗ではなく、純粋にこの壁を越えてみたい。

なぜならその壁は自分自身だということをわかっているから。エベレストは自分自身の不安や恐怖、不可能の壁だということを知っているから。

自分を乗り越えたいのだ。だから、僕は登らなくてはいけない。

徐々に、ベースキャンプが見えなくなってきた。ここから先は、僕とエベレストだけの世界だ。六四〇〇メートルにあるベースキャンプは、世界でもっとも高い。ここまで来るだけでも高山病などに苦しめられたが、ここから先に、まだ山がある。まさに世界の屋根だ。

広い雪原を進んでいく。そこでビデオカメラを取り出し、三脚を立てて自分が歩いているところを撮影してみた。

僕の登山では、カメラで自分を撮影する。一人きりなので、もちろんすべて手持ちでまわす。ときどき、遠くからの画を撮るために三脚を立てて撮影して、また戻ってカメラを回収するのだが、それは余裕があるときにしかできない。だから、それをやることによって自分がどれぐらい冷静なのかもわかる。後にも先にもエベレストで三脚を使って自分を撮影できたのは、この一度だけだった。

氷河の状態はとてもよかった。壁のようなノースコルで、迷うことはない。何日か前に、高所順応と荷上げのためにノースコルに登ろうとしたが、途中で敗退した。高所順応でC1まで登れなかったのは初めてだった。

標高七〇〇〇メートルのノースコルまでの氷河の壁は、とても複雑だ。たくさんあるセラック（巨大な氷の塊）の中にすきまを探して、右に行ったり左に行ったりしながらルートを開拓しようとしていた。

だが、秋のノースコルは雪崩《なだれ》が多い。少し間違えると、雪崩の巣に入ることになる。望遠のカメラをノースコルに上げるためにシェルパが行ったときは、突然上部のセラックが崩れて、雪崩に巻き込まれた。シェルパは軽傷ですんだが、何が起こるかわからない。徐々に濃い霧に包まれ、あたりはまっ暗で何も見えない。ただ黒いクレバスが開いているのだけが見えた。

斜面が急になってくると、雪の層の下がやわらかい。だが、上の層は硬く重たかった。明らかに雪崩の起きる雪質だった。そして、僕は途中で登るのをやめたのだった。

だが、今は天気がいい。予報ではアタック予定の二五日までは晴れるはずだ。体調がいいのか、気分が乗ってきたのか、標高七〇〇〇メートルのノースコルにお昼の一二時に着いた。四時間で登ることができたのだ。このままいけば、登れるかもしれない。

食欲はなかった。いつもならアルファ米一食分すべて食べるところを半分にした。そして、ふだんなら珍味を少々食べるのだが、食事が少ないというのに、食べたいと思えなかった。アルファ米をやめ、インスタントラーメンを半分にして食事をするが、すぐに吐きそうになる。ヒマラヤの山ではおなかいっぱいになることはない。荷物の軽量化のため食料を減らすのだが、食事をおなかに入れるとそれだけ酸素を消費する。腹四分ほどがちょうどいい。

夕方、衛星電話で日本の事務局に連絡をする。中継ができるかどうか知りたかった。まだあきらめられない自分がいた。

9月21日

朝、テントから外を覗《のぞ》くと、ヒマラヤの山々に太陽が当たりはじめていた。僕のテントから、エベレストの頂上が見える。ごきげんはよさそうだ。七〇〇〇メートルで寝ていると呼吸が浅くなるため、酸素が体内に足りていないようで体が重い。体はだるく、いつまでもテントにいたくなるが、動いているほうがまだ楽だ。食事を早々にすませ、C1を出発する。

ここから本格的に標高を上げていく。今までの登山では八〇〇〇メートルを越えたところが頂上であったが、今回はその頂上からさらに山がある。山の上に山がある感じだ。

膝《ひざ》まである雪をかきわけて一歩一歩進んでいく。いつもならブルドーザーのように進んでいくのだが、力が入らない。そして、荷物が重い。今まで七五〇〇メートルから先は荷物を持たないで登ることができたのだが、エベレストでは、そこで二泊しないといけない計算になる。その分の荷物が重い。なるべく軽くするために、マットは段ボールよりも薄いものだし、寝袋もけって暖かいといえるようなものではない。それでも荷物が重く感じ、わずか五〇グラムしかないマットも捨てていこうかと本気で悩む。

標高七六〇〇メートルのC2が近づいてきた。急な斜面はガリガリに凍っており、とても安定してテントを張れるところはなさそうだ。

エベレストの山頂近くまで続くグレート・クロワールが見える。グレート・クロワールは標高差が一〇〇〇メートル以上もあり、上部には今回の登山で、一番の核心部分である岩がはっきりと見えた。今の僕の体力であそこを越えることができるだろうか。

9月22日

エベレストからの中継は、断念することになった。

僕は夢を共有し、みんなと八八四八メートルを越えたいという思いで、二年前から企画から資金まですべてを準備してきた。

それがすべてなくなり、目の前に大きな山があるだけになった。

はたしてこんな状況で登ることができるのだろうか。

山は冷たく、心も体もすべてが、山を迎えるという状態にならなければ登れないのに、今の僕は力が半減している。泣いても何をしても状況は変わらない。

数日前、ベースキャンプでここの写真を何度も眺めていた。

どこまでも続く氷雪壁。最後の上部近くは岩があり、尿道に石が詰まっているようで痛そうなのでＮＤＫ（尿道結石）と名づけた。

グレート・クロワールは、中国側からのエベレスト登山中では難しいルートだ。

だが、僕は最初からそのルートしか考えていなかった。

通常、エベレストのノーマル・ルートは北東稜だ。長い稜線をたどりながら登っていく。だが、エベレストは高さがあり、そのぶん横幅も長い。北東稜は、ルートが比較的安定しているが、稜線をゆっくりと長く登っている時間はない。

単独・無酸素で登るためには八〇〇〇メートル以上での滞在時間をいかに短くするかが勝負だ。そのためにはデス・ゾーンで、山頂下のほうに向けてトラバース（横に移動）して、一直線で登らなければいけない。

事実、超人と呼ばれるイタリア人登山家ラインホルト・メスナーが一九八〇年に世界で初めてこのルートから、エベレストの単独・無酸素登頂に成功したのだ。この業績を成し遂げたのは、今まで人類で彼しかいない。メスナーを意識しているわけではないが、どのルートが一番無酸素に適しているかと考えたときに、このルートしかないと思ったのだ。

標高七六〇〇メートル、C2の夜はとても寒かった。秋のエベレストはとても寒い。ガスで温めた水もすぐに凍ってしまう。日中は寒くてもマイナス二〇度ぐらいだが、夜になるとマイナス四〇度近くにもなる。七六〇〇メートルでこれだけ寒いのだから、山頂はいったいどれほど寒いのだろう。

夜も、眠ることは許されない。七五〇〇メートル以上では、眠ってしまうと呼吸が浅くなり酸素が体に入りづらくなり、そのまま死んでしまうことがあるのだ。僕は、深く腹式呼吸をしながら手や足をこすり、血液をめぐらせた。

小さなテントに強烈な風が当たる。風のぶつかるほうに体重をのせ、テントのポールが折れないことを祈った。

テントの窓から星が見えた。寒くて窓を閉めたくなるのだが、閉めると酸素が入ってこない。いくら寒くても、開けて呼吸をしなくてはいけないのだ。でも、その窓から見える星を眺めていると「ここが本当に地球なのかな」と思えた。自分のテントが、まるで宇宙に放り出された小さな宇宙船に思えた。孤独な宇宙。だがこの上に僕の夢がある。その宇宙と僕は一つにならなくてはいけない。

9月23日

翌朝。いつの間にか眠ってしまっていた。朝六時に起床はできたが、体が重い。テントの中での一つひとつの作業が、まるでスローモーションのようだった。

定時の無線交信。この無線で、無事に生きていることを報告する。だが、答えるのも面倒になり、ベースキャンプの森下さんの声をうるさく感じる。テントを出ようとすると風が強く、僕のテントが何度も凧《たこ》のように宙に舞おうとする。膝《ひざ》でテントを押さえながら、テントのポールを抜いていく。細かい作業をするために分厚いミトンを脱がなければならず、寒くて凍傷になりそうだ。

テントを入れたザックを背負う。この瞬間、自分のコンディションがだいたいわかる。思っていたより、荷物が重く感じた。コンディションはあまりよくなかった。

それでも、エベレストは僕の目の前に見える。見えるというより、もうエベレストの中に僕は入っていた。

遠くにチョ・オユー（八二〇一メートル）が見える。自分が初めて登ったヒマラヤの山。そのときから、僕はどれだけ成長したのだろう。その真価が問われる時が来た。

エベレストの長いトラバースは困難を極めた。膝まである雪をラッセルし、次は氷のように硬いアイスバーンを越え、また深い雪のラッセルに戻る。足の力の入れ方が違うので、呼吸も安定しない。

なるべく心拍数を下げようと、深く呼吸をする。目の前に見える美しいヒマラヤの景色。しかし今は美しく感じない。ただ、目の前の雪しか見えない。七〇〇〇メートル級の山々が眼下に見え、濃い青い空が見える。

僕はここを本当に歩いていいのだろうか。生命のいない場所に自分がいられることが奇跡に思える。

何メートル進んだのだろう。目的地の岩が見えるのだが、体が思うように進まない。

いや、時間も空間もすべてがスローモーションだ。

雪は深く、突然自分の体が、沈みかけていく。

それでも体を前に持っていく。意志が自分の体を前に引っ張っていく。こんなに自分の体は重かっただろうか。


タイミングが悪く腕時計の電池がなくなっていた。森下さんからの無線で時間を聞くのだが、自分がいつ何時に何をしているのかわからなくなってきていた。空間も体もすべてが止まりはじめてきた。

「ありがとう……ありがとう」と口にしながら一歩、また一歩と足を出していく。この苦しみは、自分が生み出している苦しみだ。もしかすると苦しみというものは本当はないのかもしれない。そう思わなければここでは生きていけない。

ノースコルから望遠カメラで撮影している隊員に、僕がどれだけ進んでいるか距離を測ってもらった。

「目標まで、横一八〇メートル、縦一〇〇メートル。夕暮れまでには間に合いません」

僕は何度も距離の測定をお願いした。

目の前に見えるのにそんなに距離があるのだろうか。しかし、太陽はもう横ではなく、下に向きはじめ、エベレストが赤く夕日に染まりはじめた。

「一度、C2に戻って、体力を回復させて明日行こう」

しかし、それが嘘《うそ》だということはすぐにわかる。

C2に引き返したとしても標高が七七〇〇メートルもある。無酸素で体力が回復することはない。

エベレストの単独・無酸素のアタックは一度しかないのだ。

引き返す、それは「敗退」を意味する。

下山をする気などなかった。自分の置かれている状況はわかっていた。だが、下山を考えた瞬間に、本当に登れなくなるだろうと思った。

山岳部時代の主将の言葉がよみがえる。

「登頂グセをつけろ」

山岳部で行った、厳しい冬山。風邪で高熱が出ていても、どんなに天候が悪くても、必ず山に登り、登頂をしてきた。

もしそこで断念してしまえば、また同じ状況になったときに断念してしまうようになる。だからなるべく登頂を繰り返し、登頂する癖、そして成長する癖をつけろということだった。

そのスパルタ精神がよかったのか、僕は今までヒマラヤの八〇〇〇メートル峰で一度も敗退したことがなかった。

山頂直下でたとえ天候が悪くても、一度ベースキャンプに戻り、またそこから登り返し、登頂してきた。

なんとしてもエベレストを登りたい。

それはマッキンリーに行ったときから一度も会うことなく、連絡すらとり合うことのなかった山岳部の主将に認められたいという思いがあるのかもしれない。

目的地まで残り五〇メートル。最後の目的地はもう目の前にある。この雪なら落石もなさそうだ。


だが、体が言うことを聞かない。上にいたはずの太陽は、いつの間にか横にいる。そして、だんだん沈もうとしていた。

「栗城！　もう無理だ。引き返したほうがいい」

「まだ行けます。もう少しなんです」

「栗城が思っているよりも遠い。そのスピードでは難しい」

ベースキャンプにいる森下さんとの無線のやりとりが、何度か続いた。

そして、僕は無線に出なくなっていた。

しばらくして、森下さんから無線が入った。

「ここから先は、生と死の分岐点です」

もし、無理をして行ってしまえば、頂上に行けるかもしれない。

だが、そこから帰ってくる力はないだろう。

長い間、見つづけてきた夢。遠く高いその夢が、今目の前に見える。

世界の頂上。

僕は今、その夢の中にいる。こんなに青い空は見たことがない。そしてこんなに高い山も。

今、僕はこの空の中で生きている。

今、僕はその夢の中で生きている。

その夢を現実にしたかった。

涙が出てきた。そして大声で叫んだ。何度も何度も叫び、その魂の叫びがヒマラヤに響き渡っていく。


太陽が沈みかける一六時四〇分。下山を決意する。

僕は、敗退したのだ。僕の夢は、かなわなかった。

「C2まで下りて、体調がよければまた明日上がります」
「そうだね。まず生きて帰ろう」

それは嘘だと、森下さんも、自分もわかっていた。C2に下りても体力が回復するはずはない。標高の高いC2で酸素ボンベを使わなければ、時間がたてばたつほど体力は消耗していく。

それでも完全な敗退はしたくない。少しでも希望を持ちたかったのだ。

日が暮れたエベレスト。振り返ると、さっきまで自分がいたC2が遠くに見えた。天から眺めているのではないかと思うほどの高度感だった。

生中継ができなくなり、登山というものに意味を見出せなくなった自分にさらに登頂という希望もなくなった今、暗闇の中で自分の終わりを感じた。

心の灯は消え、何も見えなくなっていた。

雪壁に座り込み、何もできないでいる自分がいる。こんなに自分は冷たかったのか。無線が何度か聞こえてくるが、何を言っているかわからない。

一つ、また一つとお星様が現れる。

星が本当にきれいだった。死んだら星になれると子どものころに聞いたことがあるが、本当にそうかもしれないと思った。星は横にも広がり、空がだんだんと宇宙に変わっていった。

下のほうにも星が見えた。だが、見下ろすところに星があるわけがない。あれは、標高七〇〇〇メートルのノースコルだ。ノースコルにいる撮影隊がヘッドランプを僕に向けてくれているのだ。きっと、ノースコルからは僕の姿は見えないだろう。だが彼らは、「生きて帰ってこい」と言うかのように、いつまでも光を僕に向けてくれていた。

上に広がる美しい星々になってはいけない。僕はあの下にある星にならなくてはいけない。そう思い、再び腰を上げ、C2に向かっていった。

Ｃ２に向かってから、いったいどれぐらい時間がたったのだろう。

「ＢＣ聞こえますか？　まだ生きています。時計の電池がありません。今何時ですか？」

「今は一八時です」

日本ではまだ明るいはずの一八時でも、秋のエベレストではもう夜だった。深夜の下山は危険で、死を意味する。なんとしても、早くＣ２に戻らないといけない。真っ暗な中の下山。意識が朦朧《もうろう》としてくる。

「ただいま、一八時一〇分」

「生きているからこそ挑戦できるんですよね。必ず生きて帰ってきてくださ い。名古屋から応援しています」

「山に一人で登るのは、かなりの孤独感と恐怖感があります。山と向き合い、そして生きて帰ってきてください」

森下さんが、一〇分おきに無線をくれた。そして、僕のブログに来ている応援メッセージを、一つひとつ読み上げてくれた。映像を送ることができていないのに、それでもたくさんの人がメッセージをくれていたのだ。彼らは、僕が必死の下山をしていることを知っていた。彼らと僕はつながっていたのである。

そしてその無線は森下さんの手から、今まで支えてくれた隊員一人ひとりへと渡されていった。

喉《のど》が渇ききり、痛い。しかし、まだ痛みがあるだけでも幸せだ。もう手も足も、指の感覚がなくなってきていた。それでも、足を止めるわけにはいかない。何度も手と足をこすりながらゆっくりと下りていく。

「栗城です。二二時。今C2に着きました」

無線の奥から、歓声が聞こえた。

「お疲れさま。長かったね。生きていてよかった」

翌朝、C2を出た。エベレストがまたいちだんと大きく見えていた。僕はどこまで行けたのだろうか。

僕はこのエベレストへの挑戦から一つ学んだことがある。それは、エベレスト単独・無酸素登頂はけっして「不可能」ではないということ。

僕はまたここに来る。

生きていれば必ず挑戦できる。

生きていれば。どんなことでも。

あとがき

――人間は山では生きていけない。

酸素が三分の一の孤高の世界では生きていくことはできず、人と人がつながるところでしか生きていけないのだ。

皆さんがこの本を読んでくださっているとき、いったい僕は、何に挑戦しているのだろうか。

冒険家に必ず訪れる悩み、それは「自分の頂点をどこにするのか」ということだ。

僕にも、エベレスト単独・無酸素登頂という大きな夢があるけれど、それをやり終えた後のほうが人生は長く、その後の生き方がすごく重要になってくる。

でも一つだけ言えること。それは、人に元気や希望を与えて、そのすばらしさを世界中に伝えていくという自分の使命は変わらないだろうということ。僕はこの冒険を通して、たくさんの人とつながりを持つことができた。登頂を目指している最中に、たくさんの方が送ってくださる応援メッセージ。一度も会ったことがなくても、その言葉に僕は勇気をもらって、一歩を踏み出すことができる。

僕は、エベレストに登頂することはできなかった。「執着しない」とかっこいいことを言っておきながら僕の魂はまだエベレストにいる。僕の登山はまだ続いているのだ。

たとえ何度失敗したとしても、あきらめずに挑戦しつづける限り、終わりではない。

来年、僕は再びエベレストに帰る。

ナマステ。

文庫版あとがき

二〇一二年秋季、エベレスト西稜。

ジェットストリームという強い偏西風の中、最後のアタック中に重度の凍傷になりました。気温マイナス三五度。風速二〇メートル以上。そして体感温度はマイナス五五度。

想像を超えた風が吹き荒れ、僕の背中を押し、二度宙に浮かせようとしました。壁にとりつき、登ろうとしても、強力な風の中では、なんとか壁にしがみついているだけで精一杯でした。

「これ以上は、命にかかわる」、そう判断して下山しようとしたときには、低酸素の影響で体の赤血球は増え、強風のため思うように水分補給もできず、両手・両足が自ら細胞を閉じていきました。

カトマンズの病院に搬送され、僕の両足の指と鼻、さらに両手の指の第二関節から先が紫色から徐々に黒く変化していきました。

病院の布団の中で、どのような結果が待っているか、すでにわかっていました。それは、切断するということです。無酸素でヒマラヤに向かい、重度の凍傷になり、指を失った登山家はたくさんいます。しかし、その後僕は凍傷の治療を続け、両足と鼻はほぼ完治、両手の指は厳しいながらも治療を続けていて、再び秋季エベレストに向かっていこうとしています。

「登頂成功」という勲章だけが欲しければ、比較的登りやすい時期を狙って、登りやすい方法を選ぶことで、達成できたかもしれません。しかし僕は、それが自分にとっての本当の「登頂成功」ではないことを知っています。

僕は山に挑戦しているのではなく、山を通して自分に挑戦しているのです。世間的に成功だと認められるかどうかではなく、自分自身が本当に挑戦した、と思えるときこそが成功だと思います。

苦しみ、不安、苦悩。人はそこから逃げようと思えば、いつでも逃げることができます。

しかしその苦しさと難しさに向き合い、自分を信じることで、命を燃やして生きることができるのだと思います。そして自分と同じように、見えない山を登るすべての人たちと夢を共有し、励まし合い、また一歩を踏み出していこうと思います。

この挑戦を支えてくれた仲間、応援者、父と母、そして山に感謝して、これからも登り続けていきます。

この本を、長く支えてくれたサンマーク出版の池田さんに心から感謝します。そして、読んでくれた皆さんに感謝します。ありがとうございます。

著者

単行本　二〇〇九年十二月　サンマーク出版刊

サンマーク文庫

一歩を越える勇気

2013年9月20日　初版発行
2018年6月1日　第2刷発行

著者　栗城史多
発行人　植木宣隆
発行所　株式会社サンマーク出版
東京都新宿区高田馬場2-16-11
電話 03-5272-3166

フォーマットデザイン　重原 隆
本文DTP　山中 央
印刷・製本　株式会社暁印刷

落丁・乱丁本はお取り替えいたします。
定価はカバーに表示してあります。

ISBN978-4-7631-6033-1　C0130

ホームページ　http://www.sunmark.co.jp

サンマーク文庫

好評既刊

※価格はいずれも本体価格です。

「そ・わ・か」の法則
小林正観

「掃除」「笑い」「感謝」の3つで人生は変わる。「宇宙の法則」を研究しつづけてきた著者による実践方程式。

600円

「き・く・あ」の実践
小林正観

「き」＝〝競わない〟、「く」＝〝比べない〟、「あ」＝〝争わない〟。人生を喜びで満たす究極の宇宙の法則。

600円

成し遂げる人の「一点集中力」
伊藤 真

司法試験界の「カリスマ塾長」が伝授する、「ここ一番」のときに力を発揮する方法。それは、不可能を可能にする力。

560円

3つの真実
野口嘉則

ミリオンセラー『鏡の法則』の著者が贈る、人生を変える〝愛と幸せと豊かさの秘密〟。

600円

小さいことにくよくよするな！
R・カールソン
小沢瑞穂＝訳

すべては「心のもちよう」で決まる！ シリーズ国内350万部、全世界で2600万部を突破した大ベストセラー。

600円